日本語誕生
の
メカニズム

楊 文輝

栄光出版社

目　　次

まえがき ……………………………………………………………11

第一章　人類に共通語はあるのか？

1.「火」の授業　序編 …………………………………………15
　　学習情報 …………………………………………………15
2.「火」の授業　前編 …………………………………………15
　　「火」の豆知識 …………………………………………15
　　「火」は渡来和語 ………………………………………17
　　「火」から生まれた色々な派生語 …………………18
3.「火」の授業　後編 …………………………………………21
　　火の学理解析 ……………………………………………21
　　渡来語からの派生 ……………………………………22
　　リンと石から得たヒント ……………………………22
　　事実か空論か ……………………………………………23
　　火燧しに関する化石言語 ……………………………23
　　火燧師 ……………………………………………………25
　　　問題提起：渡来和語以前の言葉の世界を探る …25
4.「火」に関する日本語のルーツ …………………………27
　　ＧＰＳ（Global Positioning System）……………27
　　渡来和語以前 ……………………………………………27
　　日本語は多元的なルーツを持つ ……………………30

第二章　日本語は表意言語

1. 犬と猫の話　前編 …………………………………………33
　　余　談（マイ・ストーリー）…………………………33
　　犬と猫という言葉の起源（ルーツ）…………………34

犬と猫の現代各国語（ラング） …………………………34

学説の連想（カリキュラム） …………………………36

豆知識の援引（エビデンス） …………………………37

2. 犬と猫の話　後編 …………………………………38

日本語の特色 ……………………………………………38

犬と猫の和語の進展過程 ………………………………39

3. 犬と猫の言語考古学 ………………………………39

セミナーⅠ：犬　編 ……………………………………39

「ヌ」語群と「犬」との関連性 ………………………40

セミナーⅡ：猫　編 ……………………………………42

「ネ」語群と「猫」との関連性 ………………………42

4. 動物合衆国 …………………………………………44

人間と動物 ………………………………………………44

外国の動物の命名 ………………………………………44

日本の動物の命名 ………………………………………45

実　例 ……………………………………………………45

表意言語 …………………………………………………48

5. トリ（鳥）＆トラ（虎）の語源探し …………48

6. 植物合衆国 …………………………………………51

木と草 ……………………………………………………51

木の歴史的な意義 ………………………………………52

理屈と説法 ………………………………………………53

草を語る …………………………………………………55

藺の過去と現在 …………………………………………56

第三章　日本人と日本語

1. 日本語の誕生 ………………………………………57

日本語の謎 ………………………………………………57

日本語誕生の正体 ………………………………………58

2. 和語の再定義 ……………………………………………60
3. 和語成立の系統樹 ……………………………………61
  和語グループⅠ：先史渡来語（渡来和語） …………………61
    ・単音節語群 …………………………………………62
    ・言葉を構成する単音の意味を特定できないもの …………62
  和語グループⅡ：日本独創の言語（和製和語） ……………63
    ・象声型／会意型／転注型／仮借型／形義型／指事型 ………65
    ・ＶＯ型／ＯＶ型 ……………………………………65
  和語グループⅢ：改良型と進化型の和語（和製外来語など） …65
    1. 先史後期外来語（クレオール化した和語）：和製外来語 ……66
    2. 既存和語のブロードバンド化：和製派生語・和製複合語 …66
  和語は創始から終焉へ …………………………………66
  漢語の成立と漢字の導入 …………………………………67
  外来語の成立と普及 ……………………………………68
  日本語の大系一覧 ………………………………………69
4. 日本語の進化 ……………………………………………69
  麺のメニューいろいろ …………………………………69
  易しい日本語、難しい日本語 ……………………………71
  日本語の宿命 ……………………………………………71
5. 日本語と日本文化の関連 ………………………………72
  言葉と文化 ………………………………………………72
  日本語と日本思想の本質 …………………………………73
  和語グループⅡは「表意的」且つ「視覚型」言語 …………73
  和語グループⅡに潜む秘密 ………………………………75
  日本人の特質 ……………………………………………76
    ・「和」の国民性 ……………………………………77
    ・秩序正しい国民性 …………………………………78
    ・本音と建前…の国民性 ………………………………79
  日本文化は視覚集中型 …………………………………80

第四章　和語の検証

1. 水と空気 ……83
　母なる大地 ……83
　水と空気の依存関係 ……83
　日本人の「水と空気」観 ……84
　「〜ず」語彙の不思議 ……85
　視覚型民族 ……87

2. 太陽と月 ……89
　基礎講座 ……89
　太陽と月は同一天体？ ……89
　古天文学の新発見 ……90
　日に関する和語 ……91
　日と月の区別 ……93

3. 和語の成り立ち ……95
　真似と創造 ……95
　和語の属性 ……96

4. 日本祖語の再建 ……97
　本当に系統不明か？ ……97
　　・和語グループⅠの再建 ……97
　　・和語グループⅡの再建 ……99
　　・和語グループⅢの再建 ……101

5. 日本語の形成過程 ……106
　論より証拠 ……106
　OV 型か VO 型か ……109
　学ぶと習う ……111

第五章　言葉から見た縄文

1. 昆虫食 ……115
　人類の食生活 ……115

昆虫食の真相 ……………………………………………………115

昆虫食の証拠 ……………………………………………………116

　検証Ⅰ——和語編 ……………………………………………117

　検証Ⅱ——英語編 ……………………………………………119

2.「エコノミック・バード」——鵜 ………………………121

観光目的になった「鵜」………………………………………121

生業に励んだ「鵜」……………………………………………121

言語学の立場から見た「鵜」…………………………………122

和語に関する「鵜」……………………………………………123

「鵜」と「牛」…………………………………………………125

3.　縄文の生業——狩猟編 …………………………………126

生業に励む民 ……………………………………………………126

生業に関する言葉 ………………………………………………127

狩猟・採集用語 …………………………………………………127

　和語グループⅠ（渡来和語）………………………………127

　和語グループⅡ（和製和語）「さ（矢）」………………127

　和語グループⅡ（和製和語）「や（矢）」………………133

4.　縄文の生業——土器編 …………………………………137

世界最古の文明 …………………………………………………137

縄文文明の「曙」………………………………………………138

縄文土器に関する和語 …………………………………………139

　陶土入門 ………………………………………………………139

　縄文工房 ………………………………………………………140

　土器の使用 ……………………………………………………141

　その他 …………………………………………………………142

人類史を覆す ……………………………………………………144

5.　縄文の生業——生活編 …………………………………145

生業いろいろ ……………………………………………………145

縄文エピソードⅠ——「酒」………………………………145

酒の伝説 ……………………………………………145

酒は嗜好品か ………………………………………146

酒は気違い水 ………………………………………146

酒の豆知識 …………………………………………147

酒の派生語と複合語 ………………………………147

縄文エピソードⅡ──「薬」………………………148

薬の正体 ……………………………………………148

薬は治療薬か ………………………………………149

語構成から見た「薬」………………………………150

縄文エピソードⅢ──「味噌」……………………150

手前味噌 ……………………………………………150

縄文ミソ ……………………………………………151

6. 縄文の商売 ……………………………………153

商人の由来 ……………………………………………153

縄文人の商い …………………………………………153

・鵜飼商法 …………………………………………154

・瓜商法 ……………………………………………154

・漆商法 ……………………………………………155

・占い商法 …………………………………………155

・粳商法 ……………………………………………155

・貝商法 ……………………………………………156

・養蚕商法 …………………………………………156

・遠隔貿易 …………………………………………157

7. 縄文の冠婚葬祭 ………………………………158

縄文人の一生 …………………………………………158

冠のこと ……………………………………………159

婚のこと ……………………………………………160

葬のこと ……………………………………………162

祭のこと ……………………………………………164

文明開化以前 ……………………………………165
文明開化以後 ……………………………………166

第六章　深層日本語学

1. 上代語考 ………………………………………169
上代語 ………………………………………………169
「上代特殊仮名遣い」── 甲・乙二類の説 ………170
本書の観点 …………………………………………171
上代語（万葉仮名文）は語義重視傾向 ……………171
・神/・心/・恋 ………………………………172
・「火」の系列：肥、斐 ………………………173
・「日」の系列：比、卑 ………………………173
2. 古文献資料により「語義重視」傾向を証左 ………174
古事記 ………………………………………………174
万葉集 ………………………………………………175
「八母音説」論考の見直し …………………………177
・疑問その一 …………………………………178
・疑問その二 …………………………………179
3. 上代人の知恵──言葉に込められた意味 ………181
上代人の知恵袋を絞る ……………………………181
国偲び歌 ……………………………………………182
橋本説の見直し ……………………………………184
上代語と台湾語と呉音 ……………………………185
4. 番外　日本語起源の諸説 …………………………186
日本語の枷 …………………………………………186
日本語の由来を語った群雄 ………………………187
音義説 …………………………………………188
アルタイ語起源説 ……………………………189
朝鮮語同系説 …………………………………190

オーストロネシア語起源説 ………………………………190

レプチャ語起源説 ………………………………191

タミル語起源説 ………………………………193

その他の諸説 ………………………………195

あとがき ………………………………197

日本語誕生のメカニズム

まえがき

　人間は、高度に進化した動物です。だからこそ、素直に心境を打ち明けることが難しいのです。

　本書を執筆しだして以来、こんな僕が果たして「日本語のルーツ」を解き明かすなんて大それたことが出来るのか？という不安が絶えず脳裏に浮かび、毎日はらはらのし通しでした。けれども、そんな不安にさいなまれながらも、とにかく書き続けることができました。

　これまで僕は、日本語は多元的な言語だと単純に思い込んできました。多元的、と考えた根拠はといえば、日本語には、現代日本語としての和語、漢語、外来語が混在している、という現象のみに限られた範囲のものでしかなかったのです。

　それがある時何となく、日本語は、たくさんの種類の言葉がある、今まで認識された範囲内の言葉だけではない、ということに気付いたのです。

　そもそも僕は、言語学畑の出ではないし、専門的にこの分野の指導を受けた人間でもありません。それなのに何とか自論を展開できたのは、運がよかったからなのか、それとも努力が実ったのか、正直言って両方ともあります。本書を書いている途中、どうやって論拠を証明していくか考えて、筆が進まなくなることは度々でした。そんな時、本を読んだり、辞書を調べたり、ネット・サーフィンしたりすると、ほとんどすぐに有効なヒントを得ることが出来たのです。まるで目の前に道が現れるように、次に何を書くべきかが分かる……これは、実に幸運なことでありました。

　ところで、これから進めていく話は、専門的な知識を必要とすることばかりです。言葉のルーツ探しは、「言語学」や「民族学」や

「民俗学」などのカテゴリーに入ります。言うまでもなく、この分野の学問の範囲は大変広く、しかも深いものです。なにしろ日本語の枠内だけの研究ではなくて、世界各国の言語を対象にしていかなければなりません。このことは、僕の知識レベルだけでは到底、研究しつくせるものではない仕事だということなのです。

　世界は一つであっても、言語の種類はたくさんあります。たとえ年に一カ国語の割合で勉強を進めたとしても、数千と言われる世界中の言語の数と範囲には追いつかないでしょう。それでも一度踏み入った日本語の世界は、僕を捕らえて離しません。

　悩んだ挙句、僕は一つ決心をしました。
　それは、比較や検証といった学術的、専門的な事は、その道の専門家に任せようということでした。僕自身は、本書のポイントとして「和語グループＩ以前の言葉」と「和語グループＩの言葉」との結び付きや、その後の言葉「和語グループⅡ、Ⅲ」の発生メカニズムを、いかなる方法で簡単に説明できるか、ということに専念していこうと。

　簡単に言ってしまえば、後続の研究者に役立つような、この分野での「属性定義」を示すコンセプトを打ち出すこと、に限っていくところであります。言葉は生きているものであり、絶えずその姿を変えていきます。実証的なアプローチを僕独りで行おうとすれば、それは膨大な作業になっていくでしょう。それよりも、日本語がどこから来てどこに向かっていくのか、日本人ではないからこそ、自由な発想で気が付くことだってあるに違いありません。

　日本語(和語)の形成過程は、漢語や外来語の取り入れ方、その後の発展の仕方によく似ています。つまり、長期間、かつ多くのルーツから、元は他言語だった言葉を日本語化し、更にそれを基盤に新しい言葉に発展させていく、という言語形態なのであります。

日本人のこのパフォーマンスは、漢語だけでも、時期別に、江南の呉音や、都の長安の漢音や、その後の唐宋音をも取り入れて、更に日本独自の和製漢語や和漢混交語までに発展させるという、どこまでも転がっていく類いのパフォーマンスです。外来語の分野でも、このパフォーマンスは存分に発揮され、和製外来語や和漢洋の混交語まで発展させてきました。それは、現代のみならず将来も続いていくでしょう。

　この果てない発展こそ、天が定めた日本語の宿命なのでしょうか、それとも、大和民族の根っからの性格が綾なすものなのでしょうか！

　なお、本書に挙げた実例は、必ずしも歴史的に順序よく並んでいるとは限りません。この点を誤解なきよう、ご理解いただいて、先史の昔から続く言葉のドラマをお楽しみいただければ幸いです。

第一章　人類に共通語はあるのか？

1.「火」の授業　序編

学習情報

　人類史の立場から見ると、ヒトは140万年も前から火を使っていた痕跡が見られると言います。けれども、たとえ「火」が使われてはいても、「火」に当たる言葉は、当時はまだなかったと思います。何故なら、その時代の原人（ホモ・エレクトス）は、言葉を話せる能力をまだ持っていなかったからです。

　「火」が初めて言葉になるのは、恐らく、ヒトが火を自発的に燧せるようになってからでしょう。それはつまり、今から約10万年ぐらい前の事だと思われます。更に興味深い事に、世界における「火」という単語は、今でも、多くの言語において発音が似通っています。僕はこの言葉を、「世界の共通語」ではないか、と確信しています。

2.「火」の授業　前編

「火」の豆知識

　以下に、現在世界で使われている「火」という言葉をいくつか挙げてみよう。

世界で使われている「火」の言葉	
英語：Fire	仏語：Feu
ドイツ語：Feuer	スペイン語：Fuego
ポルトガル語：Fogo	イタリア語：Fuoco
ラテン語：Ignis、Flamma	ギリシャ語：Fotia、Pyr
バスク語：Su	スワヒリ語：Moto
アフリカーンス語：Vuur、Brand（オランダ語）	ノルウェー語：Ild、Brann
スウェーデン語：Eld、Brasa	アイスランド語：Eldur
フィンランド語：Tuli	ロシア語：OroHb（発音 Ogon'）
ポーランド語：Ogien	チェコ語：Oheň
ハンガリー語：Tûz	トルコ語：Ateş
ウイグル語：Ot、Atex（Atesh）	モンゴル語：Gal
チベット語：Me	アラビア語：Nar
中国（北京）語：Huo	広東語：Fo
台湾語：Heu	日本語：Hi、Ho、Ka
沖縄（首里方言）：Hwii	アイヌ語：Ape
韓国語：Pul、Hwa	タイ語：Faj
ベトナム語：Lua	ヒンディー語：Aga
タミル語：Ti	マダガスカル語：Afo
インドネシア語：Api	フィリピンのタガログ語：Apoy
サモア語：Afi	ハワイ語：Ahi
マオリ語：Ahi	

　さてここに、ハ行子音は、P→F→Hという風に音が変化した歴史を持つ、という説があります。このことは、上記に挙げた「火の各国語」の例を見ても、全くその説通りの、変化の道を歩んできたことがわかります。

　まず、南島語系のインドネシア語、サモア語、ハワイ語などの単語を見てみましょう。その語頭に付く[A]音（「ア」音接頭辞）を無視すれば、まさしくにP→F→Hというように音が変化しています。

　ヨーロッパ諸語と漢語系ではF音かH音かのどれかですし、ア

イヌ語はP音で、南島語系の影響を強く感じさせます。

日本語はどうでしょう。
火に関して、P→F→Hという音の変化は見られるのでしょうか？

・P音：ぴかぴか、ぴかっと、ぴかり、光一、ぱちぱち
・F音：火明かり、火影、火中、焙炉、炎、蛍
・H音：火足、火鉢、火口、火花、花火、炭火、蛾、丙

「火」は渡来和語

現代に残る世界各国の「火」を意味する単語と、日本語に見られる火に関する語群を見比べて、P→F→Hという音の変化を取り出して見ると、古代日本語に当たる「火」という言葉は、明らかに渡来的な言葉だと思われます。すなわち、「火」という言葉は、もともと日本固有の造語ではなく、どこか外から持ち込まれた言葉、もともとは外国の言葉だったものが定着して日本語の基幹語のひとつになったものだ、ということがわかります。詳しくは第3章で述べますが、このような言葉を「渡来和語」と名付けましょう。

火そのものの燃焼状態は、本来、音のないものです。けれども、空気の状況や乾燥した小枝や雑草など、何を燃やしているのかで、燃え上がる音がしたこともあったでしょう。太古の人は、初めて聞いたその「燃焼音」を、更に脳の言語野で整理しながら、口に出してまねてみたと思います。この擬似音が他者に通じて有効なものとなり、言葉の誕生に繋がったのではないでしょうか。

このように、人間社会における初期段階の言語発生原理は、恐らく全てがこのような仕組みになっていると思われます。すなわち、すべての言葉は「音写言語」、あるいは「表音式言語」の性質を持つ「**聴覚型言語**」から始まった、と言えると思います。

外来民からなる日本の先住民達は火を熾す技法とともに、「火」
という言葉も伝えてきたと思われます。その最初の言葉は、P音の
「ぴ」というものであったかもしれません。

「火」から生まれた色々な派生語

　どこか、おそらくはアジア大陸あるいは海路から、元祖日本人達
は次々に日本に渡来してきたが、やがて渡来の波は落ち着いてきた
のだろうか、音写言語である渡来語の流入が途切れがちになってい
きます。すなわち、新しい渡来語が怒涛のように入ってくるという
ようなことがなくなっていったのです。そうなると、それぞれが思
うことを表すのに、もはや単純なまねごとでは間に合わなくなりま
す。必然的に、新しい言語の創造へとその道を切り開かなければな
らなくなっていきました。
　おそらく最初の段階は、渡来してきた既成の言葉からその音を借
りて、性質の近い他の物事に当てる、という造語法を取ったと思わ
れます。次の段階でようやく造語の範囲が広まっていき、様々な派
生語や複合語が、徐々に生まれてくることになります。
　これらの新しい語群は、渡来語とは生成原理が非常に異なってき
ます。その変化を漢字の成立と用法を六つの種類に分けた「六書」
に沿って簡単に説明してみましょう。

象声型：火→日　天と地にあって同質の要素を持ち、音を象ったも
　　　　　の。

　注：象形＝漢字の六書の一つ。物の形を象って字形にしたもの。
　　　「日」「月」「山」「木」など。ただし本書では、日本語
　　　に転じた場合に、元の言葉と同質の要素を持ち、なお
　　　かつ元の言葉の音を象って当て嵌めたものを言います。

象声和語。

転注型：火→氷　凍った氷をレンズにして、日光から火を点すこと。

　　　　　火→樋　「とい」とも言いますが、太古では多分、火種を保つ容器でした。

　　　　　火→杼　現代では織機用のシャトル、「梭」とも書きますが、昔は摩擦式の火燧し器の役目を果たしたものを指すのではないかと思います。

　　　　　火→桧　ヒノキの古称、「火の木」つまり燃えやすい材木の意。

注：転注＝漢字の六書の一つ。ある漢字の原義を、他の近似した意義に転用することを言います。例えば、本来「楽器」の意味の「楽（ガク）」の字を、「楽しい」の意味の「楽（ラク）」の字に転用するなど。本書では、日本語に転じた場合に、渡来和語の原義を、性質の近似した他の意味に転用して作った同訓語のことを指します。

形義型：火→紐　かつては灯心/灯芯のことを指したと思われます。つまり、火＋藻＝紐（ひも）。

　　　　　藺草の茎の中心である白い髄を、古くは、灯心として用いていました。このことから、藺草のことを「灯心草」とも「あかりも」とも言います。藺草は他に、茎を編んで畳などに作られ、日本の生活には欠かせない、馴染み深い植物です。

注：形声＝漢字の六書の一つ。音を表す字と意味を表す字を組み合わせて、新しい意味の漢字を作る方法。「銅」「江」「河」「草」など。諧声、象声とも言います。本書では、

日本語に転じた場合に、別々の意味を表す語を組み合わせて新しい意味の和語を作る方法を言います。形義、諧義（かいぎ）、象とも義とも。

会意型：火→蛍（ほ）　ホタル科の甲虫、日本には20数種あり、その中の約10種は腹部が発光・明滅します。つまり、火である甲虫＝ほたる（蛍）の意。（注：たる＝資格を表すときに用い、「…である」の意を表します。）

　　　　火→蛾（ひ）　「ひいる」と「が」の訓・音の読みがあります。「火入る（火に飛び込む）」の習性から、火取り蛾とか蛾（ひむし）の名も付いています。

　注：会意＝漢字の六書の一つ。二つ以上の漢字から、同時にその意味をも合わせた一字の漢字とすることです。「日」と「月」を合わせて「明」とし、「木」を三つ合わせて「森」とするなど。本書では、日本語に転じた場合に、一つか二つ以上の単語から、同時にその意味をも合わせて、一つの新しい言葉としたものを指します。

指事型：火→炎（ほ）　「ほのお」と「ほむら」の二通りの読みがあり、「火の穂」と「火群（ほむら）」の意を指したと思われます。

　注：指事＝漢字の六書の一つ。数量や位置などの抽象的な概念を、直接、字形の上に表すものです。「一」「二」「上」「下」「凸」「凹」など。本書では、日本語に転じた場合に、規模や位置などの抽象的な概念を音声上の言葉に表すものを言います。

仮借型：火→丙（ひ）　「ひのえ」と読みます。火の兄（え）の意、十干（じっかん）の第三。

中国古代の世界観である五行の木・火・土・金・水と結び付けて、それぞれ兄(陽)、弟(陰)を当てて十干とするものです。

火→丁 「ひのと」と読みます。火の弟の意、十干の第四。

注：仮借＝漢字の六書の一つ。音や意味に適当な漢字が無い場合、その語の意味とは無関係な、同音の既成の漢字を借りて表す方法。例えば、もともとは器の意味しかない「豆」の字を「まめ」という意味に用いるなど。今では音符文字として使われ、アメリカを「米国」、フランス語を「仏語」とするなど。本書では、日本語に転じた場合に、ある物事に適当な音がない場合、物理的に相似性の高い同質の既成語彙の音を借りて表す方法を指します。

このように、「火」から派生した日本語は、実に多種多様です。

3.「火」の授業　後編

火の学理解析

「燐・リン」を表す英語の綴りは「Phosphorus」、音節は［Phos・pho・rus］、古体では「Phosphor」です。中国語の「燐」の字は、形声と会意の字で、石偏か火偏が付くものであり、読み方は［lin］となります。和語には、リンに当たる単語がなく、「燐（リン）」は漢語なのです。

リンは、自然界には単体として存在していません。リン酸塩などとして、鉱物や動植物の中に存在し、黄燐（白燐）、紫燐、黒燐、赤

燐などの種類があります。一般には殺鼠剤・農薬・マッチなどの製造に用いるものです。

　一方、古体の「Phosphor」の綴りの読み方は「ファスフォア（火は火だ）」、Ph音で、また、その元素記号は（ P ）になっています。漢字の「燐」には火偏が付き、横文字と同じように「火」の性質を文字通り表しています。

渡来語からの派生

　さて、大昔の人々の火熾し方法を考えてみましょう。
- 「氷」→火：レンズ集光式
- 「杼」→火：摩擦熱式
- 「？」→火：打撃式

　上記の「？」には何の字を入れるべきでしょうか。その答えは、もちろん「石」ですね。けれども、石の訓読みは「いし」であり、一見、火と直接的な結び付きはないように思えます。

　古語や古文に用いる旧仮名遣いでは、「い」は「ひ（F音）」と表示されます。恋、貝などがその良い例です。従って、「石」の古代音は、「フィシ」か「ピシ」かの可能性が高いのです。更に、夜空にまたたく星の古代音は「ぽし」だったかもしれないわけで、こうしてみると、和語の「石」と「火」は、無関係とは言えないことがわかってきます。

リンと石から得たヒント

ヒント①：ハ行子音「P音について考える」（P音考）
　「P→F→H音」という歴史的な音韻変化だけではなくて、「P→Ph→F→H音」という変化の流れがあった可能性も高いということが

裏付けられます。

ヒント②：一部の「い」の古代音は「ぴ」（P音系）
　「凍る」の古語は「凍つ」、また「氷」は「氷」です。したがって、「凍つ」は昔、「フィツ」か「ピツ」かのはずです。そうなると、「石」の古代音も「フィシ」か「ピシ」かである可能性は、ほぼ疑いのないことと思われます。

事実か空論か

　「火」が渡来語であっても、日、氷、樋、杼、桧は、和製語です。[P]音を共通に持ったのは、単に偶然の一致である、という見解を持つ人がいるかもしれません。また、火燧しツールとして「氷、杼、石」を考えるのは机上の空論に過ぎないのではないか、という疑問を持つ人もいることでしょう。
　これらの謎を解く鍵は、他ならぬ、和語そのものの中に隠されています。次の例を見てください。

火燧しに関する化石言語

分析①：「氷」→火：レンズ集光式
　集光：光を一方向に集めること。その目的は、火をつけることです。
　　　　火がついたら、熱が出ます。熱の訓読みは、「熱い」です。
　　　　　集める（手段）→　熱源＝熱い（目的）
　　　　　・手段の語：あつめる
　　　　　・目的の語：あつい

　このように、太古の人々に「氷」によるレンズ集光式の着火法が

23

無かったとすれば、上記の手段と目的の言葉に、これほどぴったりとした関係は得られないのではないでしょうか。

分析②：「杵」→火：摩擦熱式
　摩擦する＝擦(こす)る：物に他の物を押し当てて、何度も動かすこと。
　　　・「木」・「粉」＋「擦る」＝木を利用した摩擦式着火法。

　これもまた、木を使った「杵」というものによる摩擦熱式の着火法が無かったら、こす(擦)るという和語は生まれて来なかったと思われます。

分析③：「石」→火：打撃式
打撃：強く打つこと。その目的は、打撃時に発生する火花を利用することです。
　　　　打つ（手段）→　移す（目的）
　　　・手段の語：うつ
　　　・目的の語：うつす

　現代でも、火事が発生した時に、「燃え広がること」や「延焼すること」を、一般用語として「火が移る」という風に表現することがあります。

　一見して無関連に見える言葉も、古くは共通の意味を持っていました。それら言葉本来の「意味」は、まるで化石のように、静かに、掘り起こされるのを待っているのです。

火熾師

　火おこしの動作を表す和語は、「おこす」です。それに当てる常用外漢字の宛字は、「熾す」であり、「起こす」ではありません。

　・熾す：御＋擦（こす）る

　かつて「火熾し役」は尊い仕事でした。それで火熾しを司る人間に対して、敬意を払うために、「こす」という動作に「御」の尊称を載せて、その仕事の尊さを現したのでしょう。例えば現代なら、医師を「御医者様」と呼ぶように、昔「火熾師」は皆に尊敬された対象だったことを窺わせます。
　日本では、夏休みになると「火おこし体験キャンプ」が実施されたりします。このキャンプでは、目的地に着くと現代式の火熾し器が班ごとに割り当てられます。それですぐ点火に成功する学生もいるけれど、多少煙は出ますが、どんなに必死にやってもついに点火できず、失敗してしまう学生もたくさんいます。
　現代式の火熾し器でさえ、誰でも火を熾せるわけではないという、このことから分かるように、昔ならなおさら、火熾しという技術は、一種の特技だったはずです。「火熾師」は常に尊敬され、現代社会なら「人間国宝」に値するほどの人物だったのかもしれません。

問題提起：渡来和語以前の言葉の世界を探る

　さて、我々の祖先は「火熾師」を、どのように呼んでいたのでしょうか。
　・Pito　　→　　Fito　　→　　Hito
　・Pimo　　→　　Phmo　　→　　Homo　　→　　Human
　　注：（　火＝Pi・Fi・Hi・Ph・Ho・Hu　　　人＝To・Mo・Man　）

こう見ると、火燧し師を意味する言葉は、「火」と「人」の複合語になるということがわかります。太古の時代「火燧師」はまさしく、「ピト」とか「ピモ」と称されたことでしょう。

　映画のシーンを連想するように、頭の中に遠い昔の光景を思い浮かべてみてください。目に映る2群のホモ（人類）同士がある日突然出会います。一方は火の取扱いが上手な群であり、他方はまだそのような技法を持っていなかったとします。その場で火を燧す光景を見た方からは、感嘆の声と共に、「[Pito]だ！[Pito]だ！」或いは「[Pimo]だ！[Pimo]だ！」と、口々にささやきあったに違いありません。

　この[Pito]が、後に訛って「ひと」となり、[Pimo]は「Homo」、更に「Human」と転じていったのでしょう。また、古代の日本語では女性のことを「いも（妹）」と言い、この「イモ（妹）」の発音は「ピシ・フィシ（石）」と同じように、元は「ピモ・フィモ（妹）」のはずだった言葉だと思います。これで分かるように、古代英語と古代和語の[Pimo]を指す人物は、同じ人物のことだと自明になります。そして、古代社会の世の中では女性が主宰することを窺わせ、日本史における邪馬台国女王の「卑弥呼」もやはり実在人物だったと思いますし、当時では「火の巫女」のイメージが強かったのでしょう。

　まさに、人間同士が「人」という言葉を作ったのです。

　一方、「火」からの発想がなかった言語では、「ヒト」を意味する言葉の由来は、勿論「火」とは関係のないものによるはずです。

　かくして人間は、最初の言葉を話し始めます。それが冒頭で紹介した「火」という言葉なのかもしれません。

4.「火」に関する日本語のルーツ

GPS (Global Positioning System)

　方向音痴な人間にとって現代の GPS カーナビゲーションは、かって大航海時代に活躍した羅針盤と同じように、現代社会を渡っていくのに非常に便利なものです。

　実は、我々の暮らしの中には様々なナビゲーションシステムが存在しています。お料理をするには料理のマニュアル本がありますし、体を鍛えたければ、ジムに行ってインストラクターの指導を受けられます。

　言葉もまた、このような概念の下で色々に発展して来ました。

　ただ、初期のホモ・サピエンスは、「感情」と「思考力」が未発達の状態にありますから、当然、言葉の展開や創造力にも限度があったと思います。おそらく彼らは、ごく単純な身の周りの出来事のみをナビゲーターにする学習方法を取ったことでしょう。やがて、「心（感情）」と「智（思考力）」が発達していくにつれ、次第に複雑な言葉が創造されていきます。使う言葉の多様化は、そのまま使う人間の感情や思考、価値観の多様化を意味しています。このことが、人類の言語の進展過程、すなわち渡来和語が成立する以前の言葉の形成原理を突き止めることになるのではないでしょうか。

　ここで、「火」を例に、人類言語の進展過程を探るシミュレーションをしてみましょう。

渡来和語以前

　我々共通の祖先である初期のホモ・サピエンスは、アフリカの一角で、ある時火を使用しました。燃料の薪や雑草を燃やす際、その

中の空気が「Pi〜Pi〜」と鳴るのを聞きます。これが「ピ(火)」という言葉の誕生に繋がったと推測できることは既に述べました。

　・火：「Pi」　　現存する世界の多くの国の「火」という言葉の由来かも、原始形。

　同じくアフリカ内部のタンザニアやケニヤなどで話されているスワヒリ語には、「Moto」という、火を表す言葉があります。その言葉の発生原理はよくわかりませんが、英語の「Motor(モーター)」や、和語の「藻(灯心)」、「燃ゆ」などの関連類義語の元になった可能性が高いと思われます。

　・火：「Moto」　　「Motor」や「藻」、「燃ゆ」などの言葉の由来かも、原始形。

　また、同じアフリカ内部のアフリカーンス語(オランダ語)では、火に当たる言葉が「Vuur」と「Brand」と言います。それは、おそらく日頃貯めて置いた火種を取り出して、強火に変えるために吹き付けた空気の構成音が転じて、これらの言葉になったのではないでしょうか。

　・火：「Vuur」、「Brand」　　「Blow」や「吹く」・「噴く」などの言葉の由来かも、原始形。

　さて、アフリカを脱し、ヨーロッパに視線を転じて見ましょう。アフリカから地理的にはそう離れていない所に、ピレネー山脈があります。フランスとスペインにまたがっているこの大きな山脈の西部にバスク地方と呼ばれる地域があるのですが、そこで話されているバスク語の火に当たる言葉は「Su」と言います。これは明らか

に、摩擦式着火法からできた言葉です。火を熾すのに、火きり棒を両手で挟んできりもみするのですが、その時のしゅっしゅっという音から取って作られたのでしょう。

・火：「Su」　　「Sol・Sun」や「擦る」・「こする」などの言葉の由来かも、原始形。

次にアジアです。トルコ語で、火に当たる言葉は「Ateş」と言います。これはおそらく、火打石を使った打撃式着火法から生まれた言葉だと思われます。

・火：「Ateş」　　「Hot」や「熱い」・「暑い」などの言葉の由来かも、原始形。

これらの他に、「火」と大変重要な関わりを持ちながら、今では既に人類の言語発展史から忘れられてしまった言葉があります。それは、「氷」です。既に述べたとおり、和語の「コオリ」は「ヒ」とも言います。

氷は、火を熾す機能を持った神秘的なものでした。火がどうしても欲しかったに違いない冬にのみ現れる氷。しかも場合によっては火を熾してくれるという事に気付いた時の人々の驚きは、いかばかりだったでしょうか。

火に隠れたこの幻の存在を、比較言語学の手法で、新たに証明できるか、試してみたいと思います。

「コオリ」に当たる中国語は「Bing」と言います。また、「ユキ」は「Xue」、「シモ」は「Shuang」です。一方、英語で雪に当たる言葉は「Snow」、霜は「Frost」、氷は「Ice」です。これらをよく分析すれば、どれも「火」の性質を持つことが明らかにできるかもしれ

ないのです。

- 火：「Pi」　　「Bing（氷）」（中）、「Hi（氷）」（日）
- 火：「Fo」　　「Frost（霜）」（英）
- 火：「Su」　　「Xue（雪）」（中）、「Shuang（霜）」（中）、「Shimo（霜）」（日）、「Snow（雪）」（英）
- 火：「Ignis」　「Ice（氷）」（英）

日本語は多元的なルーツを持つ

　上記の例を挙げただけで、日本語のルーツを多元的だと決め付けるのは、無謀でしかないでしょう。けれども、日本語を有史以来の各段階に分けて、その発展を振り返って見れば、アジアの片隅に存在するこの言語が実にバラエティーに富んでいる事に気付かされます。取り入れられた漢語ひとつ取ってみても、呉音、漢音、唐宋音などの言葉が混在していますし、漢字にも音と訓の二通りの読みがあります。また、外来語も実に多種多様で、その範囲は洋の東西を問わず、日常生活に良く浸透しています。

　歴史は繰り返されると言われますが、古代、平安、中世、戦国、江戸、明治、そして現代と、歩んできた多元文化が今も混在している日本の社会は、ひょっとしたら、もともと言葉や文化が多元的なルーツを持つ人々の集団からできたのかも知れません。

　遠い昔、太古の時代に日本列島は、氷河期のため一時的に海面が低下し、海水が氷結して、大陸と陸続きになったことがあります。おそらくその時代には、渡来言語の移入が幾度も実現されたと思われます。そして最後の氷河期が終わった約10,000年前、氷が融け、次第に海の中に孤立していった日本列島に残った先住民達は、生活の必要に応じて多くの言葉を創り出していったのでしょう。これらが、日本人自身の手になる言葉になっていきました。

また、今から約5〜6千年前、地球の温暖化によって海面がどんどん上昇していきます。これを縄文海進と言いますが、おそらくその頃から、日本列島を含む周辺地域の航海技術が急速な発展を遂げていきます。これに伴って再び、多元的な渡来言語が移入してきたことでしょう。

　これらの現象、つまり、直接的、間接的を問わず、先史時代から現代まで、何度も流入してきた外国語を自在に取り入れてきたことが、日本語の多元化により一層拍車をかけました。大昔のそれらは、当時は確かに外国語でしたが、今では言語学者達によって「日本祖語」と呼ばれています。

　さて、ここまで、渡来和語と早期日本語の成り立ちについて、少し語ってきました。そろそろ、今までの日本語に対して未知の側面や、言語としての日本語がいかに日本人や日本文化に影響されたかについてもっと深く掘り下げていきたいと思います。

第二章　日本語は表意言語

1．犬と猫の話　前編

余　談（マイ・ストーリー）

　幼い頃、僕の家では犬と猫、両方を飼っていました。

　ニャーニャーという鳴き声を聞き、祖母からそれが［Niau］（猫の台湾語）、またワン〜ワン〜と吠える声を聞き、それは［Kau］（犬の台湾語）と教えられ、自然に覚えて楽しい幼年期を過ごしていました。

　やがて小学校に上がり、いわゆる国語の授業で先生から、［Maol］（猫の北京語）、［Gou］（犬の北京語）を教わり、それほど違和感なく覚えました。

　中学校に入ると、英語の授業で「Cat」と「Dog」という単語を学び、［kæt］と［dɔːg］と発音するように指導され、多少違和感を感じながらも、やはり覚えました。

　日本へ留学して、ニャーニャーは「ネコ」、ワンワンは「イヌ」と、日本語学校の先生から幼稚園児のように習い、面白く覚えました。

　大学では、第二外国語でスペイン語を選び、猫は「Gato/a」、犬は「Perro/a」だと言うことを習い覚えました。

　光陰矢の如し。

　こうして僕は、5種類もの言葉を習ってきたことになります。ただ、この間誰からも、犬と猫という言葉の形成原理は教えてもらいませんでした。

犬と猫という言葉の起源（ルーツ）

　動物考古学あるいは DNA 考古学の研究者は、イヌとネコは古くから人に飼われていて、家畜化された動物だと言います。イヌはオオカミから、ネコは古代エジプトのリビアヤマネコから来たものという説が有力です。

　言語学の立場から見ると、和語のイヌとネコは渡来語であり、かつては単音であったと考えられます。すなわち、両方とも渡来和語に属すべきものでした。「イヌ」は、おそらく「ヌ」に近い単音だったでしょうし、また「ネコ」は「ネャ」に近い単音だったと思われます。

　イヌは北方から、ネコは南方から来た言葉ではないかと僕は推測しています。イヌという言葉はネコよりも歴史が古いようです。但し、それぞれの起源語はもう既に死語となってしまい、現代日本語には存在していません。

- イヌ（現代語）　⟷　ヌ　　（先史渡来語）
- ネコ（現代語）　⟷　ネャ（先史渡来語）

犬と猫の現代各国語（ラング）

　動物の鳴き声または動作音をそのまま真似して名付けることは、人類の本能的な反射行為であり、思考原理でもあります。次に挙げた犬と猫を意味する各国の単語を見ると、綴りはそれぞれ違っていても、よくなぞらえて読めば、犬と猫の実際の鳴き声や動作音と、あまり大きな差を感じません。綴りの違いは、各民族が擬声音を実際の使用言語に置き換えた際に生じた発音上の差異と考えられます。

各言語		犬	猫
ロ シ ア	語	ï,ñ	êžò
ウ イ グ ル	語	It	Müxük
モ ン ゴ ル	語	Noqai	Mu:r
ト ル コ	語	İt、Köpek	Kedi
日 本	語	Inu、Ken	Neko、Biyou
セ ブ	語	Ero、Iro	Ering、Iring
ハ ワ イ	語	'Ilio	Popoki
台 湾	語	Kau	Niau
マ オ リ	語	Kuri	Ngeru、Tori
北 京	語	Gou	Maol
ラ テ ン	語	Canis	Cattus
イ タ リ ア	語	Cane	Gatto/a
フ ラ ン ス	語	Chien/ne	Chat
ス ペ イ ン	語	Perro/a	Gato/a
英	語	Dog	Cat
ド イ ツ	語	Hund	Katze
ア フ リ カ ー ン ス	語	Hond	Kat
ア ラ ビ ア	語	Kalb	Gatt
ヒ ン デ ィ ー	語	KuttA	BillI
韓 国	語	Kae、Kyeon	Koyangi、Myo
イ ン ド ネ シ ア	語	Anjing	Kucing
タ ガ ロ グ	語	Aso	Pusa
ア イ ヌ	語	Seta	Chape

　こうして諸言語の綴りを見ていくと、「犬」という言葉の表現形
は、インドネシア語、タガログ語、アイヌ語を除いて、犬が吠える
声から取ったことは、ほぼ間違いないと思われます。例えば「イヌ、
イット」系の言葉は、犬が怒鳴る時の「ィッヌァン〜」の音から取っ
たと考えられますし、「カッ、ガッ、クッ、ドッ、ホッ、プッ…」
系の語頭音を持つ言葉は、犬が「ワン」と本格的に吠える前のスタ
ンバイ音を取ったか、の違いがあるだけではないかと考えられます。

また、「猫」という言葉は、多分言葉が造られる初めから、二通り以上の発想より出来たものと考えられます。「ニャ、ミャ、ネャ」系の語は明らかに猫の鳴き声から生まれたと思われますし、「ガッ、ケッ、キャ」系の語は、大人になった猫はそれほど鳴きませんから、もしかすると猫が爪を研ぐ習性から生じた音を取ったものかもしれません。

学説の連想（カリキュラム）

　人類社会にとって、犬と猫という言葉は、火という言葉よりも遅く誕生したと思われます。これは、火を意味する各国語と、犬と猫を意味する各国語とを比較すれば分かるように、火の方が音の均一性傾向が高いからです。犬を意味する言葉の音には地域差が見られますし、更に猫を意味する言葉を語源学の立場から見ると、最初からもう既に二通り以上に分かれていることが明らかです。

　この事から見えてくるものは何でしょうか。

　それは、我々人間が「単一起源」だということを裏付ける有力な証拠だと考えます。すなわち、私達の直接の祖先であるホモ・サピエンスがアフリカ出身（「出アフリカ記」）だという学説を、間接的に証明するものだということです。

　人間社会にとって言葉というものは、地理的に隔たれば隔たるほど、その差異は大きくなるものです。火という言葉は、恐らくヒトがアフリカを出る前に発明した言葉なのでしょう。逆に、犬と猫という言葉は、人間が既にあちこちに散らばった後に発明されたため、各民族がそれを表現する言葉の音は、初めから各々の道に分かれていたと考えられるのです。

豆知識の援引（エビデンス）

(一)、イヌイット族［Inuit］：
　　北アラスカからカナダ、グリーンランドの北極圏に住む人々です。
　　彼らは、カナダではイヌイットと呼ばれ、アメリカ(アラスカ)ではエスキモーと呼ばれます。
　　イヌイットとは「人」という意味を現し、昔から犬ぞりの堪能な民族です。

(二)、ヌアー族［Nuer］：
　　ヌエル族とも言います。アフリカ・スーダン南部のナイル川流域に住むナイロート系牧畜民です。
　　古くから狩猟犬や牧畜犬を扱ってきました。

(三)、アイヌ族［Ainu］：
　　主に北海道、サハリン（樺太）に住む先住民族です。
　　アイヌ語：「アイ」＝矢、「アイヌ」＝人、「セタ」＝犬(後に「雪駄」という和語になったのか？)

(四)、奴＝呉音：ぬ　　漢音：ど
　　「奴」の意味：やっこ、召使い、やつ。

(五)、言葉遊び：（派生語へ）
　　台湾語　［Niau］＝猫 →［'Lia ］＝掴む、捕まえる
　　英　語　［Cat ］＝猫 →［Catch］＝掴む、捕まえる
　　日本語　［Neko］＝猫 →［Neru ］＝寝る

(六)、語呂合わせの記念日：

犬の日：11月1日→ワンワンワン
猫の日：2月22日→ニャーニャーニャー
また、「犬は人に付き、猫は家に付く！」とも言います。
（「戯訓：犬主＝ぬし（主）、猫戸＝ねこ（寝拠）」）

2．犬と猫の話　後編

日本語の特色

「寝奴（毛皮に利用されるやつ）」をイヌ、そして「常に寝ている子」をネコと名付けた元祖日本人は、一体どのような思考原理で、このような造語法を考え付いたのでしょうか？

それは、他民族とどのように異なったまなざしだったのでしょうか？

現代日本語　**犬**＝（寝＋奴）＝いぬ
　　　　　　猫＝（寝＋子）＝ねこ

日本人の思想の根底は「視覚型」です。このことは犬と猫を意味する単語構成を見ても明白です。日本人は動物の習性を「目」で観察し、名前を付けました。このことは、主に「耳」頼りでてきている他言語の生成原理とは、質的に一線を画します。

すなわち、「視覚的（表意性）」な思考原理と「聴覚的（表音性）」な思考原理との根本的な差異なのです。この違いは民族性にも影響を及ぼします。

結局、今の世界中の言語の仕組みと国民性は、この違いによって様々な様相を呈していると言えるでしょう。

犬と猫の和語の進展過程

　イヌとネコの語源をたどると、それぞれ北方系と南方系に分かれるようだと説明しましたが、それを正しく探るために、下記のようなシミュレーション解説図を作ってみました。

犬 ：
　［ィッヌァン〜］（北方音）---→［ヌ］（犬の原始和語）---→イ＋奴→
　　　　　　　＼　　　　　　　　　　　　　　　／　イヌ（現代語）
　　　　　　　　　［イ］（原始和語）→［イヌ］（寝ぬ）

猫 ：
　［ネァゥ〜］（南方音）---→［ネャ］（猫の原始和語）---→ネ＋子→
　　　　　　　＼　　　　　　　　　　　　　　／　ネコ（現代語）
　　　　　　　　　［ネ］（原始和語）→［ネル］（寝る）

　これらは、擬声音→擬声語（渡来和語）→複合語（和製和語）の言語発展を描くものです。ただし、表音的な原始和語の［ヌ］と［ネャ］は死語となっていますし、［イ（寝）］と［ネ（寝）］は語根として、［ヌ（奴）］や［コ（子）］と結合して、表意的な和語になりました。

3．犬と猫の言語考古学

セミナーⅠ：犬　編

　人類の言語の発展過程は、遺伝子（DNA）の塩基配列の仕組みと同じように一定の順序で配列されていると思います。ですから、痕

跡を辿ってみることで源を探ることができるのです。

　渡来和語から発展してきた「イヌ」という言葉には、遺伝子の遺伝形質のような因子が、後の日本語群の間に残されているはずなのです。

　イヌの原始語音が「ヌ」であるなら、「ヌ」の語頭音で始まる言葉群に、「犬」の形質的な因子（意味）を持つものがあるのは当然と言えます。

「ヌ」語群と「犬」との関連性

- **ぬ【沼】**：ぬま。　沼間（犬間）。氷河期にあった広大なツンドラ地帯を意味し、犬ぞりが走っていた大地のこと。

- **ぬ【野】**：野原。　太古、狩猟犬が駆け回っていた野原のことを指した語。

- **ぬ【瓊】**：白玉。　太古、犬ぞりを走らせた雪原（白雪）のたとえ。

- **ぬ【寝・寐】**：寝ぬ・寝る。犬の毛皮を被って寝ることからできた概念語。

- **ぬの【布】**：織物の総称。「犬の」の意。犬の毛皮の利用からできた派生語。

- **ぬう【縫う】**：衣服などを作る。　犬＋得。犬から毛皮服を得ること。

- **ぬくい【温い】**：暖かい。　犬＋食い。犬の肉を食って、体を温める。

- ぬく【抜く】： 引っぱって取り出す。 犬＋来。犬が獣などを洞穴から捕る。

- ぬぐ【脱ぐ】： 身につけている物を取り去る。また、裸になる。犬＋五。犬の毛皮を手（5本の指）で剥いて利用すること。ちなみに、こぐ（漕ぐ）、とぐ（研ぐ）、およぐ（泳ぐ）、ふせぐ（防ぐ）など「ぐ」音結尾の動詞の単語では、五＝手（5本の指）と関係してくるわけです。

- ぬさ【幣】： 祭祀の捧げ物。 犬＋然（＝そう）。犬を供え物にすること。

- ぬし【主】： ①主人 ②所有者 ③山・沼・森などに古くから住み、霊ありと言われる動物。上記の三つの注釈は共に犬との関連性が強いと思われます。すなわち、犬＋し【其/汝】（人の中称の指示代名詞）。

- ぬか【糠】： 米のかす。 犬＋か（＝の）。昔、「犬の餌」を指した語でしょうか。

- ぬすむ【盗む・偸む】： 窃盗行為。 犬＋済む。犬が留守中の盗難事故。

- ぬま・ぬみ【要/要害】： 要害/要衝。 犬＋目（見）。犬が見守る要所。

- ぬれる【濡れる】： 血まみれる。 犬＋れる（受身）。犬が傷付いたこと。

これらは全て「犬」からの派生語だっただろうと思われます。一見して犬とは無関係な多くの言葉が、ほとんど犬と関係してくることに驚かされます。

セミナーⅡ：猫　編

　猫は、犬よりもずっと遅れて人間に飼われたと言われています。最近の研究発表によると、家猫の起源は、今から約9,500年前まで遡れることが分かりました。

　「ネコ」の原始和語の「ネャ」に一番発音の近い言語は、台湾語の「Niau」でしょう。これはおそらく先史時代に、台湾の原住民が黒潮に乗って日本列島に漂着した時、猫という動物と共に「Niau」という言葉も持ってきたのではないかと思われます。従って、和語の「ネコ」という言葉は、南島語起源と言えるのでしょう。

　ネコという言葉は、イヌという言葉と比較して歴史が短いため、「ネ」語頭音で始まる和語は、「ヌ」語頭音で始まる和語ほど、形質上の均一性は高くありません。そのため、同じ「ネ」音であっても「子」、「音」、「値」、「根」の語源はおそらく「猫」によるものではなく、別ルートから来たものと思われるのです。

　言い換えれば、「子」「音」「値」「根」の言語発展上の形質には「寝」イメージの因子が含まれていないということです。これらが別の意味から生じた派生語だということになれば、当然、「猫」とは関連することのない言葉になります。これが、「ヌ」語頭音で始まる「犬」という和語との決定的な違いと言えます。

「ネ」語群と「猫」との関連性

・ね【寝】：寝ること、眠り。

「腹が減ったら食う。喉が渇けば水を飲む。疲れたら寝る。」ということは、人間の基本的な生理反応です。しかも、これらの本能的な行為に関する言葉の生成は、太古の時代に早々と出来上がったはずだと思います。ですから、日本語の「寝る」を意味する行為の言葉は、かつては「ネ」あるいは「ネル」という言葉では無かったに違いありません。このことから、「ネ」音が初めて「寝る」を意味した時期は、「猫」という動物が日本列島に現れてからのことだと確信します。

- 「イ」（寝）＝古和語（犬の毛皮を寝具に使う発想によるか）
  ——（古語）。
- 「ネャ」→ネコ（猫）——→「ネ」（寝）＝新和語（猫の習性）
  ——（新語）。

「イ」（寝）自体は、今では「死語」になっていても、「イ」音で始まる「居眠り」、「いびき」、「憩う」など、休みに関する言葉は未だに健在です。

- **ねずる【舐る】**： 舐める、ねぶる。　猫は自ら毛を整理する＝猫_ね＋ずる（移動）。

- **ねばる【粘る】**： 粘着、根気。　猫は人に寄りたがる習性＝猫_ね＋張_ばる。

- **ねぶ【〈合歓〉】**： ネムノキの別名。　就眠運動を行う植物＝寝_ね＋ぶ（様子）。

- **ねらう【狙う】**： 目標、標的。　猫が鼠や小鳥を捕る＝猫_ね＋らう（推量）。

4．動物合衆国

人間と動物

　古くから人間と動物の関係は曖昧極まるものでした。捕ったり捕られたりの相互捕食関係、家畜やペット化された相互依存関係など、まさに一言では言い表せません。犬、猫、鶏、牛、馬など、既に家畜化された動物もいれば、ライオン、虎、蛇、ワニなどの野生動物もいます。

　医療技術が進歩している現代でさえ、人はダニやツツガムシなどの害虫に侵されていますし、その一方で、絶滅危惧種に対する動物保護活動が盛んに行われています。人間と動物は、この地球上で、複雑に共棲生活をしているのです。

　けれども人間は、自らの優位性を見せつけながら、すべてのことを制覇したがっているように思えます。

　人間は言葉を持つ動物であり、この能力によって「目」や「耳」を通して他種の動物に勝手に呼び名を付けてはばかりません。人間同士でさえ、侮蔑的な呼称を平気で使用したりします。例えば、乱暴な人に対して「野郎」と呼んだり、気に入らない女性を「ブス」と罵ったりするように。

　読者のご先祖様もこのような乱暴な考え方で、動物の呼び名を決めていました。猫は「寝子」に、犬は「寝奴」に。樹懶という動物には「怠け者（ナマケモノ）」などというひどい名前が付いてしまいました。

外国の動物の命名

　ナマケモノという動物は、英語では「Sloth」と呼びます。やはり、怠惰・不精者という意味です。日本語では「ナマケモノ」（怠

け者)と訳され、漢語的な表現としては「樹懶」（樹木に棲む怠惰者）となりました。まさに洋の東西を問わず、見方は一致しています。

　樹上性ナマケモノは、他の動物に比べると筋肉が半分くらいしか無いため、動きがとても遅いのです。これは生まれつきの体質であり、なにも怠けているわけではないのですが、見た目が鈍く感じられるために、ひどい名前を付けられてしまいました。

　このように、ヒトはかなり主観的な視点で物事の名前を決めてしまいます。その命名の仕方は、といえば、耳頼り（音写系語彙）、目頼り（義写系語彙）のどちらか二つに分かれることになります。

日本の動物の命名

　動物に名前を付ける場合、普通は、その動物の鳴き声を真似たり（音写）、その習性を観察したり（義写）して命名されるわけですが、日本語における言葉の発展を見る限り、動物の「鳴き声」（表音性）は全く無視され、「仕草や視覚的なイメージ」（表意性）のみを、一筋に重視する傾向があるようです。

　日本語は、このルールの下で、多くの派生語や複合語を作ってきたというわけです。

　その一方で、「音動的」或いは「情動的」な言葉の不足を補うために、「ワンワン」や「ふわふわ」などの擬声語や擬態語が多用されるようになったと考えられます。

実　例

　蟻：膜翅目アリ科の昆虫の総称。全世界に分布しており、種類も
　　　多い。
　　　訓　読：アリ（蟻）　　音　読：呉音＆漢音　ギ
　　　語　源：意味＝【在り/有り】　読み＝あり

説　明：存在することの動詞「ある」の連用形「あり」からの発想によるもの。

つまり、あちこちにある動物(昆虫)＝あり(蟻)。

参　考：英語　Ant(蟻)　←→　am との関連性は？

（am＝be の一人称）

猪：イノシシ・ブタの総称。

訓　読：キ、イ(猪)　　音　読：呉音＆漢音　チョ

語　源：意味＝【井】　読み＝る、い

説　明：井は井戸の意味。しかし、人口も少なく、水源も豊富だった太古では、水井戸は必要なかったと思われます。従って、「井」とは、当時は落とし穴を意味したと考えられるのです。そこで、「井」に落ちていた動物＝い(猪)。そして、矢が発明され「猪」という動物を狩る＝射る。更に、獲た「猪」を調理する＝煎る又は炒るという風に発展していったというわけでしょう。

参　考：英語　Well(井)　←→　和語「井」の音・義との関連性は？

英語　Hit(打つ)　←→　和語「射」の音・義との関連性は？

熊：哺乳類、雑食性、冬は穴居。

訓　読：クマ(熊)　　音　読：呉音　ユ　漢音　ユウ

語　源：意味＝【隈】・【曲】　　読み＝くま

説　明：「隈、曲」は奥まって隠れた所の意。つまり、「熊」の生息地に適した命名法である。

つまり、くま(隈)＝くま(熊)。

参　考：分る(くまる)＝「くばる」の古形。　配る。分配する。

46

アイヌのイオマンテ(イヨマンテ)・熊送り(熊祭り)
では熊を殺して共食し、供物や木幣などを供えて、
熊の霊を送り返す儀式があります。このことから、
「配る」の語源は「熊」からきたと思われます。

鼠：齧歯目ネズミ科に属する哺乳類の小獣。
　　訓　読：ネズミ(鼠)　　音　読：呉音　ソ　漢音　ショ
　　語　源：意味＝【音】＋【ず】＋【身】　読み＝ね＋ず＋み＝
　　　　　　ねずみ
　　説　明：鼠と人間の、戦いの歴史は長いものです。鼠穴を作っ
　　　　　　たり農作物を食べたりして家財を破損し、病原体を
　　　　　　運ぶなどの害を与えてくるものです。鼠は、こっそ
　　　　　　りと活動する動物で、猫はその天敵です。そんなと
　　　　　　ころから、音ず身(音をたてない身)＝ねずみ(鼠)と
　　　　　　名付けられました。

鳥：卵生・温血の脊椎動物で翼を持ち、羽毛に覆われています。
　　鳥類。鶏。
　　訓　読：トリ(鳥)　音　読：呉音＆漢音　チョウ
　　語　源：意味＝【捕り】　読み＝とり
　　説　明：捕獲するという意味の動詞「捕る」の連用形「とり」
　　　　　　からの発想によるもの。人間を主体、鳥を客体とし
　　　　　　た造語だと思われます。
　　　　　　つまり、人間が捕る動物＝とり(鳥)。
　　参　考：飛ぶ　　(鳥＋振る)＝鳥が空を羽ばたく。
　　　　　　帳　　　(捕＋張る)＝鳥を捕らえる網わな(鳥網)。
　　　　　　唱ふ　　(鳥＋なふ)＝鳥が歌う。(「なふ」＝行為)。

虎：食肉目ネコ科の猛獣、主にアジア大陸の南北に分布。

訓　読：トラ（虎）　　音　読：呉音　ク　漢音　コ

語　源：意味＝【獲ら】　　読み＝とら

説　明：獲らわれることの「獲る」の已然形(仮定形)「とら」
　　　　からの発想によるもの。人間を客体、虎を主体とし
　　　　た造語と思われます。
　　　　つまり、人間がトラワレタ動物＝とら（虎）。

表意言語

　動物の和語名やその派生語、複合語を見ると、当時の日本人の考
え方は、一律に「表意式」の思考モデルにセッティングされている
のがわかります。ところが、これとは逆に、元祖・表意文字を標榜
する漢字以前の中国を見ますと、その呉語音や漢語音には「表音式」
表現が主流の傾向にあったのです。

　元祖日本人のこの思考形態こそが、日本語を視覚型「表意言語」
としたユニークなところと言えるのではないでしょうか。

5．トリ（鳥）＆トラ（虎）の語源探し

　語源を追うストーリーの展開は、遠い昔、現代ウイグル語の［Ot
（火）］の古形語が、日本列島に伝わった所まで進んでいきます。移
住してきた集団がこの言葉を伝えてきたのです。

　その当時、日本列島には既に、先着した集団が住み着いていまし
た。彼らは、［Ot］に相当する［Pi（「火」の古形）］という言葉を持っ
ていました。

　暫くの間、この二つの集団は互いに出会いませんでしたが、やが
て、彼らの子孫はお互いの存在に気付き、相互に交流し合うように
なります。彼らは、［Ot］と［Pi］が同じ「火」を指す言葉だと知りま

したし、更に、[Ot]も[Pi]も非常に貴重なものであり、常にそれ（火種）を保たないと日常生活に支障が生じるということも、当然わかっていたのです。

このことに基づいて、[Ot]族の言葉から発展されてできた渡来和語の「To（火）＝ト」は、火種を『取って置く』という意味の動詞にもなりました。

その一方で、[Pi]族からも、[Ot]族の「ト（置）」に相当する「ピ（引）」という言葉が独自に発明されたのです。この「ピ（引）」は、現代日本語でも使われている「ヒク（引く）」の古形に当たるもので、「火を引く」こと、つまり、弱火にして火種を『取って置く』という意味の言葉になっています。更に、[Pi]族は「ピ（樋）＝ヒ（樋）の古形」、『火種を保つ容器』という意味の言葉をも発明しました。

その後、[Pi]族と[Ot]族が、結婚などの理由で次第に混ざり合い、共同生活を営んで行くようになっていくうちに、元は[Ot]族の用語である「ト」が再び変化を起こし、「ト（取）」の語素という性質を持つようになります。そして、[Pi]族の「ピ（火）」と結合して、「トピ（樋）＝トイ（樋）の古形」という言葉の誕生をもたらしたというわけです。

現代語で「ヒ（樋）＝トイ（樋）」は、「屋根に降った雨水を集めて、地上に流す筒状の装置」というものを意味します。けれども、太古の昔、屋根にそのような装置を取り付けることが必要だったでしょうか。むしろ、日常生活に欠かせない筒状の『火種を保つ容器』と見なした方が妥当ではないでしょうか。

この考えは、以下に挙げる例で、更に証明されると思います。

・【引】ヒ＝【取】ト　：「火種を取って置く」ことの動詞の語彙。
・【樋】ヒ＝【樋】トイ：「火種を保つ容器類」のものを指す語。

49

・【藻】モ：水草、海草、太藺。（注：フトイは昔から沼などに自生する水生植物）。

・モ【藻】の動詞化→【藻】＋ス（働き/する）＝モス【燃す】

・ヒ【引/樋】＋モ　【藻】＝ヒモ【紐】：灯心/灯芯のこと（火を保つ役割）。

・ト【取】＋モス【燃す】＝トモス【点す】：火をつけることの意。

　一方、［Ot］→ト【取】→トピ【樋】→トル【取る】という言語発展の段階で、「トル」はもはや、日常生活を表現していく中で「火種を取って置く」という意味だけでは満足できなくなっていきます。そこで、次の様々な意味の派生語が、世代ごとに作り出されていくことになります。

・トル【取る】＝ものを取る。
・トル【捕る】＝小さい動物を捕る。
・トル【獲る】＝大きい動物を獲る。
・トル【採る】＝植物を採る。
・トル【摂る】＝食べ物や栄養を摂る。
・トル【執る】＝教鞭を執る。
・トル【撮る】＝写真を撮る。
・トル【盗る】＝盗みをする。

　そして多分、日本という国の歴史が語られ始める以前に、トル【捕る】からは「トリ（鳥）」という言葉に、トル【獲る】からは「トラ（虎）」という言葉に、発展させていったのでしょう。

6. 植物合衆国

木と草

　言葉の未発達な太古の人間にとっては、植物といえば、「木」か「草」の二つぐらいしか認識できなかったでしょう。各種の植物にそれぞれの名前が付くのは、言葉がある程度の発展を遂げてからのことだと思われます。

　漢字では、植物に関する文字の大半は、「木」偏や「草」冠に占められています。和語も例外ではありません。「木」は相当古い時代にできた言葉だと考えられますし、「草」は木よりは後にできたようですが、それでも2,000年以上の歴史はあるでしょう。

　木は「き」と「こ」の2通りの訓読みがあり、渡来和語ではないかと思われます。岩宿（旧石器・先土器）時代に、石斧で木を伐採する時に人間が聞いた音が、まさしく「Ki」と「Ko」だったはずです。その「伐採音」が言葉に転じて、ごく自然に「き」と「こ」と呼ばれてきたのでしょう。

　一方、草も、渡来和語か和製和語か、その中間か、の言葉のはずです。けれども、和語の「Kusa」という音や義に近い現代外国語を探しても、なかなか満足する答えは得られません。実はそれは無理もない話で、僕は「くさ（草）」という言葉は、もともと「いぐさ（藺草）」その語尾にある「くさ」という音を取ってきたものだと思います。そして「イグサ」は、元はラテン語の「Ignis（火）」からなのです！

- ・**木**：「き」・「こ」　石斧による木の「伐採音」から取った語。
- ・**草**：「くさ」　　　　ラテン語の「Ignis」→和語の（藺草－藺）＝くさ（草）。

51

木の歴史的な意義

　木は林となり森となり、多くの生き物を養い、また数多くの動物にとっては、天然の宿でもあります。

　古来、人類は、木を切って家を建てたり、用具や器具を作ったりして、さまざまな用途に利用してきました。日本でも、伝統的な木造建築のほか、木製漆器など多くの伝統工芸が今日にも残されており、その技術は、国内外に誇れるほどのものです。

　けれども語学の立場からその歴史を辿りますと、和語の系譜にある「木」とは、木その物の意義を持つだけではなく、他に「戦闘」や「防衛」といった言葉の性質もあるようです。

　木と同じ音を持つ、異字の和語を見てみましょう。これらの言葉に含まれている意味を深く味わえば、古代の日本人の「武力闘争」と「防衛意識」が窺われると思います。

・武力闘争＆防衛意識の言葉

[Ki]音	城・柵・棺・酒・傷・肝・際・北・君・霧・錐・聞く・利く・効く・着る・切る・兆す・競う
[Ki]音	岸・軋む・来たる・消える・鍛える・築く・きつい・厳しい・極まる・窮まる・決まる・汚い・嫌い
[Ki]音	息・垣・先・域・主基・悠紀・隙・関・調・闕・生き・行き・逝き
[Ki]音	勢い・憤る・好き・退き・突き・亡き・泣き・祝き・壱岐・隠岐
[Ko]音	心・志・腰・輿・事・恋・請う・乞う・殺す・込む・籠もる・困る・凝る・凝らす・試みる
[Ko]音	来ない・こしらえる・挙る・答える・毀れる・堪える・転ぶ・こつ・殊に・断る・甲府
[Ko]音	寿・郡・好む・強し・溢す・越す・超す・肥やす・蹴ゆ・凝らす・怖い・快い

52

理屈と説法

　何故、木が「戦闘」と「防衛」の意味を持つのでしょうか。

　人間にとって木は、容易に取得でき、且つ取り扱いやすい物の一つです。木は、棒や弓や矢などの武器になり、展望台や砦、柵など、防御施設を作る材料にもなります。石は、武器として投げてしまえばおしまいで簡単ですが、防御施設を全部石で積むとしたら大仕事になるでしょう。何より木よりも重くて持ち運ぶのに大変です。このようなことから見ても、木は、銅器と鉄製の武器が発明される以前は、間違いなく一番効率的な素材だったに違いありません。

　英語でも、[Ki]音の Kill（殺す）とか、[Co]音の Cooperation（協力・協同）などには戦闘と防衛の意味があります。更に日本語には、漢字音読の際、「き」音や「こ」音は、無意識に「戦闘」や「防衛」を意味する言葉の音素形質とされる場合が多いのです。例えば、敵（てき）、壁（へき）、石（せき）、抵抗（ていこう）、拘束（こうそく）などです。

　さて、試しに、意味合いごとに [Ki]音と[Ko]音を持った和語を分類してみます。

・**天然要塞**：きわ（際）・岸・霧・滝・そき（「辺境」）・ほき（崖）・濃い・こけ（苔）

・**防御工事**：き（城/柵）・かき（垣）・しき（磯城）・せき（関）・築く・籠る

・**戦闘準備**：利く・着る（兜など）・鍛える・さきもり（防人）・凝る・こと（言）・こころ（心）・こころざし（志）・試みる・挙る・殊に・拵える

53

・**対峙情勢**：聞く・兆す・瀬戸際・勢い・きつい・困る・こつ・頃・来ない

・**敵の襲来**：かたき（敵）・きた（北）・来たる・驚き・赴き・事・答える・怖い

・**戦闘開始**：斬る・競う・きず（傷）・きも（肝）・厳しい・極まる・とき（鬨）・率いる・すき（隙）・いきどお（憤）る・息・生き・逝き・突き・先・亡き・汚い・嫌い・殺す・込む・毀れる・堪える・転ぶ・越す・腰（「姿勢・態度」）・こし（輿）・蹴ゆ・臥ゆ

・**勝利祝い**：き（酒）・きみ（君）・すき（主基）・ゆき（悠紀）・きしまい（吉志舞）・つき（調－徴税「租庸調」）・祝き・好き・恋・請い・来い・ことぶき（寿）・断る・快い・好む・肥やす・まき（任－「任命」）・こおり（郡－「置郡」）

・**敗戦敗北**：き（棺）・消える・退き・泣き・無き・来たる・にきえみし（熟蝦夷）・まき（「本家・分家の関係」）・乞う

・**古戦場考**：せきがはら（関ヶ原）・いき（壱岐）・おき（隠岐）・こうふ（甲府）・こうべ（神戸）

　長い歳月を経てできたこうした和語は、意外に全部「木」と係わりがあるものだと言うことを実感していただけたのではないかと思います。ひょっとして「き」と「こ」は言霊を持っていたのでしょうか。

草を語る

　世界中の民族が、「草」を、それぞれの使い道で認識し、適した呼び名(言葉)を付けたと思われます。

　中国語では、草には二通りの読みがあります。一つは〔Caǒ〕、もう一つが〔Zaoˋ〕です。文字ができる以前には、おそらくこの「草(Caǒ)」は「巣(Chao′)─茅葺きの宿」として認識されていたのでしょう。また、「草(Zaoˋ)」は、南方語系の「走(Zaoˋ)─逃走」を意味していたと思われます。英語の「Rush」にも、「草」と「突進する」の両方の意味があります。おそらく、獣などが急に叢(くさむら)から現れることを意味していたのではないでしょうか。

　また、文字が現れて以後の中華文化では、「草」は一転して「薬草」のイメージとなり、後漢の『神農本草経(しんのうほんぞうきょう)』を始め、明の『本草綱目(ぞうこうもく)』(李時珍著)に集大成されるほど多くの薬典ができました。「薬」の漢字も草冠に楽しいと書くように、まさに「草を服せば楽になる」というイメージがあります。

　一方、日本人は古くから「畳(たたみ)」という、草の文化を受け継いできました。屋根も茅葺きが主流だった日本人にとって、「草」という言葉のイメージは「暮らしの種(くさ)」というものだったのではないでしょうか。

　和語の、くさ(草)、わら(藁)、すげ・すが(菅)、ち・かや(茅)、こも(薦・菰)、あし(葦・蘆)などの言葉は、どの言葉がより古いか判別するのは至難の技です。ましてや、「Ignis」から「藺草」へ、更に「くさ(草)」へと変化した言葉の発展史を探るのは、不可能に近い作業です。ただし、参考にできる資料はあります。

草：草壁皇子(662-689年)─天武天皇の皇子、母は後の持統天皇。
藁：山上憶良(660-733年頃)─貧窮問答歌「…直土に藁解き敷きて父母は…」。

菅：古事記（712年）—中巻「…菅畳いやさや敷きてわが二人寝し」。

茅：備後風土記逸文（713年頃）—「…茅の輪を腰につけて厄を免れる」。

薦：日本書紀（720年）—武烈天皇の巻「…薦枕高橋過ぎ物多に…」。

葦：記紀神話（年代不明）—「…葦舟で蛭子を載せて流した」。

藺の過去と現在

藺草は、別名、虎鬚草、灯芯草などとも言います。古くから日本にあった多年生草本植物です。

日本では、藺草の栽培は『延喜式』（927年）という法典に見られるように、千年以上の歴史を持ち、近年では熊本県の八代地方で集中的に生産されています。

昔は藺草で、莚・蓆やござを作ったり、フトイ（太藺）を灯心に使ったりしていました。今では主に、畳表の原材料のほかに、食用（健康食品）、薬用（解熱利尿）、和紙、インテリア商品（テーブルセンター）などに利用されています。藺草は、昔から日本人の生活に欠かせない植物だったのです。

また、ご参考に藺　相如—中国、戦国時代（BC403〜221年）の趙の政治家。「藺」は中国では古くて由緒ある氏名です。［Lin`］と読み、「Lin（燐）」と同系列の音の言葉です。どうやら「Ignis（火）」のことを実感させてくれます。

第三章　日本人と日本語

1．日本語の誕生

日本語の謎

　人間がいつ、どうやって、言葉を獲得したのか、という問題は、人類学上最も大きな謎のひとつとされています。

　同じように、「日本語はいつできたのか？」「日本語はどこから来たのか？」という謎もまた、果てしない議論を呼んできました。昔から多くの言語学者が、沢山の論文や著作を発表してきたにも関わらず、この「ミステリー」は未解明のままです。

　そもそも、日本語をうんぬんする前に、日本という国は、いつできたのでしょうか。

　これは確かに難しい問題で、たとえ専門家であっても即答することはできないでしょう。何万年前に日本列島が形成され、いつ人間が移住してきたのか、未だ明確にできていません。ただし、まったく何もわからないのか、と言えばそうでもなく、この問題における最も有力な学説は、3〜4万年前以降、後期旧石器時代に属する頃ではないか、と見ています。

　その当時の日本列島は、活発な火山活動によって、ほぼすべてのローム層に火山灰が降り積もり、土壌を酸化させてしまいました。その結果、残っていてしかるべき人骨や動物骨が酸に融けてしまい、保存されなかったのです。そのため日本では、旧石器時代の遺跡からほとんど人骨が発見されていません。そこで、風化することなく残っていた石器を研究することによって、人間が活動した証拠とするようになったのです。

　ただし、たとえ3〜4万年前、それらの先住民族が日本列島のこ

の土地に辿り着いていたとしても、果たして彼らが今の日本民族と繋がっているのかどうか、また、その彼らが使っていた言葉が現代日本語とどれくらい関連性を持つかは、大いに疑問視される部分ではあります。

　現在、日本語の起源を語る論説は「海外渡来説」が主流です。

　日本語学者の多くが、文法的には北方系のウラル・アルタイ語族の言語に似ていますが、語彙の多くは南方系のオーストロネシア語族に関与すると言っています。また、韓国語や、南インドのタミル語や、遠くスペイン北東部にあるバスク語などとも、何らかの関係を持つのではないかという説もあります。

　僕は、それらの学術的な文献を非難するつもりはなく、また、「海外渡来説」を否定する立場にもありません。世界中の他の言語と同じように、日本語にも必ずルーツはあるはずだと思います。ただ、ルーツ探しだけに夢中になると、言語としての発展史を断片的にかき集めてしまい、先史時代から現代に通じる発達・変遷の全貌を見失ってしまうことになりかねないような気がするのです。そうなれば、日本語の本質を無視するばかりでなく、さまざまな説に振り回されて、どれかひとつ、あるいは全部を証明しようとして、わけの判らないものをひねり出してしまうということにもなりかねません。

日本語誕生の正体

　先史時代、アジアやポリネシアの各地域から、日本列島の先住民となった人々が移住してきました。それらの先住民が、元の原住地で使っていた生活用語を持ち込み、今日の日本語の雛形を形成し、それがいわゆる「日本祖語」となった、というのが、日本語学者で論じられる「海外渡来説」です。

　我々が現在使っている日本語は、いわゆる「和語」と「漢語」と

「外来語」の三つで構成されていることは、皆さんもご存知の通りです。一般的な認識では「和語」が先に成り立ち、次に「漢語」、そして「外来語」の順序で導入され、普及してきたと考えられています。

　ですが、この大まかな区分方法こそが、日本語の研究、特に「先史時代」における日本語の発達と変遷の謎を解くのに、大きな妨げになったのではないでしょうか。

　何故そう考えるに至ったのか、というと、ヒントは国語辞典にありました。

　手元にある何冊かの辞書で「和語」の意味を調べて見たところ。だいたい次のような説明を見ることになります。

　「和語」＝「倭語」：大和言葉。日本古来の固有の言葉。わが国の言葉。日本語。国語。特に、国語の中の漢語に対する日本本来の言葉……。

　なるほど日本は、「和語」を日本古来の固有の言葉として意識し、更に、国語を和語と漢語と外来語とに三分化しました。「和語」を日本本来の言語体系として、単独の一大グループに位置付けたのです。

　この、和語、漢語、外来語、の三分法によると、字面だけでは、「和」語は、あたかも日本列島のこの土地で突然に発生し、昔から話してきた言葉のように受け止められてしまいます。「漢」語は、文字通り中国から伝えられてきた言葉という意味ですし、「外来」語も外（諸外国）から来た言葉という意味で、大変わかりやすい表現です。けれども、「和」語を、そんなに簡単に「日本古来の固有の言葉」として決め付けてしまっていいのでしょうか。「和語」のすべてに「和」意識を被らせるのは、あまりにも強引過ぎるのではないでしょうか。

　「和語」に対するこの固定観念に縛られてきたことが、残念ながら今日まで「日本語誕生の謎」を解く手掛かりを見失った要因の一

つではないか、と僕は言いたいのです。

　僕は、和語とは本来、「**渡来和語**」、「**和製和語**」、「**和製外来語**」と称すべきものなのではないかと思います。

２．和語の再定義

　「和語」とは本来、大和言葉、つまり、文字以前、あるいは歴史以前と言ってもいいでしょうが、その言葉を指すものだと思います。それは音を持ちますが、文字の記録が全く無いため、実証的なアプローチは困難です。何しろ、文字として記録された日本語を読むには、万葉仮名の成立を待つしかないからです。そしてそれは、和語の成立よりずっと後のことになります。

　そのため、今までの言語学者は、和語を漢語や外来語と並立させ、日本語体系の三大グループの中の一つに位置付けたのでしょう。

　ですが、和語を一つ一つその生成のメカニズムから探って見ると、どうも同質の一大グループの言葉とは言い難いし、基本構造もずいぶん違っています。

　そこで僕は、和語を、語彙の特質から新たに次の三つのグループに分類してみました。

- **和語グループＩ**：渡来和語。多くは先史時代、日本列島に入った言葉。
  恐らく、当時は「外国語訛りっぽい」と感じたであろう言葉。
- **和語グループＩＩ**：和製和語。日本独創の言葉。
  つまり、和語グループＩの既成語彙が本来持つ音・義を運用した上で発明されたか、派生された言葉。

・**和語グループⅢ**：和製外来語など。

多分、縄文中・後期から弥生、古墳、奈良、平安時代にかけて伝えられてきたものを国語化した言葉の総称。

　この和語グループⅠ＆Ⅱ＆Ⅲを合わせたものが、国語辞典に載っている「和語」というものの実態だということができると思います。

　「言語は生きものであり、変わっていくものである」と言われていますが、幸いにも言語も「生きた化石」の性質を持ち、特に「和語」には、先人達の知恵が至るところに凝縮されています。それが本書の作成にも大いに助けになりました。以下に三つのグループについて、もう少し詳しく検証してみたいと思います。

3．和語成立の系統樹

和語グループⅠ：先史渡来語（渡来和語）

　最初の和語グループを渡来語であると言い切ってしまうことには、多少ためらいを感じます。それでも、これらが日本で生まれた固有の言葉である、と、具体的に証明できない以上、日本での起源説を立てることはできません。

　この和語グループⅠの特徴は、耳頼りの**「聴覚型言語」**である、ということです。

　先史時代の日本列島に、移住して来た人々が元の原住地で使い慣れていた流通語をそのまま持ち込み、それが「日本祖語」として定着しましたが、その頃は、音写言語（表音言語）の性質を持つそれらの言葉は、たいそう外国語っぽく感じられたはずです。

　他言語からその言葉の音・義をコピーして作られたこれらは、我々

が現在使い慣れている外来語（カタカナ語）の生成原理に近いものを持っています。例えば、英語の「Cup」のことを、「コップ」又は「カップ」として捉え、日本語にしてしまったようにです。もちろん、コップというのは日本語では「Glass」（持ち手の無いガラス製の飲み物容器）のことを指しますから、完全にそのままというわけではありません。それでも、元の外国語の音・義を、割と忠実にコピーしたと言っていいこれらを見ると、外国語を日本語化する努力は、昔から普通に行われてきたと言えるでしょう。

　和語グループⅠの語群は、古くから日本に伝えられてきたものです。そのため、今になって「日本語ではない」とか、「外国語である」などとは言い難いものがあります。それでも、いくら大和言葉として定着したとは言え、本質は、やはり海外から渡来した言葉なのです。そこで僕はこれらの語群を、わかりやすいように「先史渡来語」或いは「渡来和語」と名付けてみました。

　和語グループⅠに入る語群の成立由来を明らかにするには、比較言語学の研究成果を待たなくてはなりませんが、僕の推測では、現存する和語の中の**「単音節語群」**や**「言葉を構成する単音の意味を特定できないもの」**などが、このグループの仲間に入ると考えています。

・**単音節語群**
　吾、井、鵜、尾、蚊、木、毛、子、巣、背、血、手、戸、菜、寝、野、歯、火、間、見、目、喪、矢、湯、枝、夜、輪…など。
　古語：胆、兄、酒、矢、音、土、妻、身、妹……など。
　　　　（注：亜、胃、絵、田、津…などは漢語です。）

・**言葉を構成する単音の意味を特定できないもの**
　ある、いる、いく、くる、なる、つる、ここ、そこ、いつ、しろ、くろ、かわ（川）…など。

62

ここでは「ある」と「いる」は、ともに、存在を意味する動詞ですが、「あ」、「い」、「る」だけの単音では、何の意味も特定できません。けれども、「あ」と「る」、「い」と「る」になれば、それぞれ「存在する」という特定の意味が、言語構造の上にはっきりと表われてきます。

　一体どうして、一定の音の組み合わせによって特定の意味を持つ言葉になるのでしょうか。答えは、それらの和語がかつて「外国語」の音素を持っていたから、としか解釈できないように思います。

　前に挙げた「Cup」の例を再び見てみましょう。

　日本語では「カップ」。「Cut」の場合は「カット」です。ここに共通する音「カッ」は上記の「る」に相当します。「プ」と「ト」は「あ」と「い」の音素に相当します。「カッ」だけでは、何の意味も表せませんが、それが一定の組み合わせによって言葉の意味を特定できるというわけです。

和語グループⅡ：日本独創の言語（和製和語）

　ものまねは、創造の始まりといいますが、初期の渡来人達が日本列島に導入した言葉群を「和語グループⅠ」に定めるとすれば、次の段階として、それらの言葉をまね、それらの言葉が本来持っている音や義から、新しい言葉群が生まれてきました。僕はそれらを、「和語グループⅡ」と定義することにしました。この語群こそ、「日本独創の言語」と言えるように思います。

　和語グループⅠの特徴が聴覚型言語だったのに比べて、和語グループⅡの特徴は、目が頼りの「**視覚型言語**」だということです。

　和語グループⅡの存在は、グループⅠの話者達の後世代に、新しい人間関係や、生活環境が出来上がっていき、それに合わせて、多くの新造語が続々と作り出されたことを意味します。

ただ、これは現代にも通じることですが、新しい言葉ができると、それまであまり使われていなかった古い言葉は、消失する一方となってしまいます。そのため、現在の和語体系の中で、数多くの言葉の起源が不明になってしまっています。

　僕は、言葉の起源を探っていて、面白い特徴に気付きました。「言葉は必要から生まれる」と言われていますが、和語グループⅠとⅡとでは、言語の生成メカニズムが見事に異なっていて、Ⅰが**「表音性」**なのに対して、Ⅱは**「表意性」**で表されます。

　Ⅰの例は先に挙げた通りですが、Ⅱの言葉は、漢字の六書に似ているところがあります。六書、つまり、象形・指事・会意・形声・転注・仮借という構成原理と、和語グループⅡの言葉の構成は、非常に似ているということです。

　ただ、漢字は、音、義（意味）に加えて形を持つものですから、**「六書」**に分けてもおかしくありませんが、和語は音と義しか持たないので、六書というよりはむしろ、**「六音」**とでも言ってしまった方がいいのではないかと思います。六音、つまり、**「象声（象形）・指事・会意・形義（形声）・転注・仮借」**といったところでしょうか。それが、先章「火」のところで紹介した和語の造語法になります。

　更に、和語グループⅡには、別の特徴があります。それは文法上、動詞の前置と後置の問題です。この問題は、長い間多くの国語学者を悩ませてきましたし、日本語起源の謎が解けない大きな壁の一つになっています。

　世界中の言語で文法上の語順を見てみると、幾通りものパターンがあります。

　例えば日本語、韓国語、モンゴル語などは、「Ｓ（主語）＋Ｏ（目的語）＋Ｖ（動詞）」の語順になります。いわゆる「SOV型」の言語です。英語、中国語、東南アジアなどの言語は「SVO型（主語＋動詞＋目的語）」です。更に、アラビア語、ポリネシアの諸言語などでは「VSO型（動詞＋主語＋目的語）」です。

64

そして面白いことに、和語グループⅡの語群には「VO型」と「OV型」の二通りがあるのです。これは一体どういうことを意味するのでしょうか。もしこの新事実が認められれば、本書が日本語起源論争に一石を投じる事ができるのではないかと思います。

　さて、和語グループⅡの語彙例は沢山あります。詳しくは次の各章節で語るとして、ここでは、単にいくつかの代表例を挙げておきます。

・象声型：火→日　木→聞(く)、や(る)→矢、歯→吐(く)、咬(む)
　　　　　→蚊…など。
・会意型：尾→雄・男、目→雌・女、目→真・間、火→蛍…など。
・転注型：火→氷・樋・杓・桧、木→来・着・酒、鼻→花、草→臭
　　　　　(い)…など。
・仮借型：井→猪、枝→江、河・川→革・皮、天→雨…など。
・形義型：火→紐、日→昼・東、木→伐る・着る・切る、革・皮→
　　　　　換わる…など。
・指事型：鵜→魚、矢→先・咲き、とる→鳥・虎…など。

・VO型：いぬ、ねこ、つゆ、罪、つえ(杖)、漆、果物…など。
・OV型：ほたる、ひいる、叫ぶ、笑う、嫁ぐ、娶る、学ぶ、習う…
　　　　　など。

和語グループⅢ：改良型と進化型の和語（和製外来語など）

　この和語グループⅢの言葉は、先史時代後期以後に日本列島に伝えられてきたものもあれば、既存の和語が工夫されて作られたものもあると思われます。単なるものまねではなく、創造を加味したもの、これが「視聴覚連合型言語」であり、和語が成熟してきた時期に生まれてきました。

1. 先史後期外来語（クレオール化した和語）：和製外来語

　このグループの一部の言葉は、確かに外来語から成り立ってはいますが、和語グループⅠのように、他言語の言葉を単に音写してかたどった言葉とは違います。グループⅠやⅡの既成の言葉から、特定の音素を付け加えて作られたものなのです。つまり、２言語が入り交じって「クレオール（混血）化」した、混交言語を指しています。
　これらは、先史後期以後の「和製外来語」と言える言葉です。

・**和製外来語**：市、餌、米、豆、牛、馬、栗、瓠^{ふくべ}…など。

2. 既存和語のブロードバンド化：和製派生語・和製複合語

　和語グループⅢのもう一つの現象として、この時期、非常に多くの派生語や複合語が作られました。つまり、言語の「ブロードバンド化」が起こったのです。

・**和製派生語／和製複合語**: 桧^{ひのき}、薬^{くすり}、美しい、醜い、探す…など。

和語は創始から終焉へ

　和語体系は、平安時代までに一応成立しましたが、完全に整ったものとは言えませんでした。それは独自の文字を持たなかったせいかもしれませんが、抽象的な概念を語る言葉が、新しく創り出されなくなっていたのです。
　たとえ、神、魂、春、夏…などの和語が創り出されても、信仰とか四季とか、あるいはまた、仁、義、礼、智、信…などの抽象概念用語は、すべて漢語から来ていました。漢字と漢語は、表意性の強

い言語ですから、和語が文字を持たなかったとはいえ、たとえ音だけからであっても、言葉が持つ表意的な性質が失われることはありませんでした。

　和語と漢語という、この二つの言語が偶然に遭遇したことで、「縄文系と弥生系が同時に存在する」（埴原和郎）という、日本人二重構造説が、がぜん信憑性を増したように思います。

　当時、武力と文化では一段上をいっていた弥生系の人々が日本を完全統治していたとしたら、今の日本で中国語か韓国語が公用語として通用していてもおかしくはありません。けれども、和語は今もって健在ですし、その上、漢語を和語の音韻体系に納めてしまっているではありませんか。

　思うに、この二つの言葉は、表意的な性質が一致したとしても発音が非常に異なるため、言語の同化現象としてしばしば見られるように、分散して小さな集団で渡来して来た弥生系の人々が、音調と音節の簡単な和語の方に同化されてしまったせいなのではないでしょうか。

漢語の成立と漢字の導入

　当然のことですが、漢語と漢字はもともと、中国語の話者が表現するのに適した言語と文字形態です。けれども、それを、日本の先人達が巧みに、音・訓の二通りの使い分けを考え出し、和語の音韻法則に融合させて、日本語の言語体系の中に完璧に吸収してしまいました。

　日本ではおそらく古墳時代から、漢語学習（初期は主に呉音中国語）を行う風潮が始まったと思われます。その発音が和語とあまりにもかけ離れていたため、多分、当時の話者は朝廷などにとどまり、一般庶民には縁がなかったことでしょう。けれども、時代を経て、漢語は次第に和語の音韻体系に融け合いながら、一般庶民にも普及

していきます。それが原因で、元の中国語の発音は次第に失われ、ついに完全な日本語に変身したというわけです。

　同じように、漢語の導入とともに漢字も取り入れられ、その結果、ついに日本語が表記できる時代を迎えました。日本の、いわゆる「歴史時代」の幕開けです。

　漢字は、今から約3,500年前に、中国で発明されたものです。それがいつ頃日本に伝えられたのかは、未だに明らかではありませんが、日本語表記に漢字を借り、崩し字から「ひらがな」が、漢字の字画を省略したことで「カタカナ」が、発明されます。これはどちらも、表音記号です。

　これ以後、日本語の表記は次第に、表意性と表音性を支える二本の柱ともいうべき、漢字とかなの混じり文が広がって、記録や知識の伝達が便利で効率的なものになったのです。

外来語の成立と普及

　表音記号である仮名文字を持つ日本語は、言語として優れた拡張性に物を言わせて、室町時代から現代に至るまで、諸外国との密接な接触によって、表音性傾向の強い外来語を常に大量に導入してきました。しかも、和語が古来から持つ、母音止めという伝統的な音韻体系は崩さず守り続けています。

　外来語を取り入れるということは、単に言葉をまねて吸収するということだけではありません。かつて、隋や唐から漢字や漢語を取り入れるとともに、その文化をも取り込んだように、社会的な付加価値を持っているのです。外来語の導入によって、外国文化をより柔軟に取り入れられるということが、近代日本社会を築き上げる、大きな原動力となったのではないでしょうか。

　宿屋・旅館・ホテルという三つの言葉が持つイメージの違いは、日本人なら誰もが分かるでしょう。このように、和語・漢語・外来

語を巧みに使いこなすことで、日本語は、非常に豊かな表現力を持ちました。現代日本に生きる僕達は、先人達が長い時をかけて積み重ねてきた知恵と努力に、大いに感謝するべきだと思います。

日本語の大系一覧

- ・和語グループⅠ：渡来和語。
- ・和語グループⅡ：和製和語。
- ・和語グループⅢ：和製外来語、和製派生語・和製複合語。
- ・表意グループ　：外来漢語、和製漢語・熟語、和漢混交語。
- ・表音グループ　：万葉仮名、平仮名、片仮名、外来語、和製外来語。
- ・その他　　　　：擬声語・擬態語、横文字、数字、顔文字。

　このように、太古から今日まで、多種の「外国語」に影響されてきた日本語は、他の言語にほとんど例を見ない**「多重構造言語」**だ、と言うことができるのでしょう。

４．日本語の進化

麺のメニューいろいろ

そば、**蕎麦**、ソバ。　めん、**麺**、メン。
らーめん、らーメン、**らー麺、ラーめん、ラーメン、ラー麺、拉麺**。　ヌードル、**即席麺**、インスタントメン。
　（コップ、カップ）：カップそば、カップ蕎麦、カップソバ、カップめん、カップ麺、カップメン、カップらーめん、カップらー麺、カップ拉麺、カップラー麺、カップラーメン。

インスタントめん、インスタント麺、インスタントメン、イン
スタントラーメン……、インスタントヌードル、インスタント即
席麺、インスタントカップ麺、インスタントカップメン……。
　即席麺、即席そば、即席ソバ、即席カップめん……、ヌードル
めん、ヌードル麺、ヌードルメン……、ヌードル拉麺。
　コップヌードル、カップヌードル、ヌードルカップ、カップイ
ンスタントラーメン、カップ即席麺…など。

この献立を見ただけでも頭が痛くな〜る！！！
　「もうメンなんかごめん！　乾麺してくれよー！」　（注一）
　「ようこそ！麺来いどさん娘ラーメン札幌本店へ」　（注二）
　「　（^0^)_D　　（^п^)　　（^_^)　」　　　　（注三）
　「なんだって〜こと、メーンは！？」　　　　（注四）

　何か、ジョークのように思われるかもしれませんが、読者の皆様、
もしお時間があれば、上記の「麺のメニュー」を一つずつネット・
サーフィンしてご覧ください。これらは、決して架空のものではあ
りません。
　加えて、日本人の造語力に感心させられてしまうことになるナモ。
　　　　　　　　　　　　　　　　　　　　　　　　　　　（注五）

・（注一）乾　麺：「勘弁」の訛語。　かんめん（乾麺）、かんべん（勘弁）。
・（注二）麺来い：「メンコイ」は東北・北海道の方言で「かわいい」の意
　　　　　　味。
・（注三）顔文字：(^0^)_D　頂く、（^п^)　食べ過ぎ、（^_^)にこっ。
・（注四）メーン：英語の「Main」、カタカナではメインとメーンの二通り
　　　　　　の表示がある。
・（注五）ナ　モ：「ナモ」とは名古屋弁で、「〜ね」の意味。

70

易しい日本語、難しい日本語

　現代日本語の音節数、つまり、50音表の清音・濁音・半濁音・拗音などの組み合わせからなるものは、全部数えてもおよそ120個くらいしかありません。それは、ハワイ語の85個に比べればやや多いのですが、北京語の411個、そして英語の数万個、などと比べれば少ない方であり、そのため学びやすい言葉だと言われています。

　けれどもその一方で、日本語表記は、上記「麺のメニュー」で分かるように、漢字、ひらがな、カタカナの組み合わせがあり、実に多種多様です。このため、異なる言葉でありながら同じ意味を持つ同義語や、同じ言葉でありながら異なる意味を持つ同音異義語などが多く、学びにくい言葉だとも言われています。

日本語の宿命

　そもそも漢字は、漢語(中国語)を表すために発明された表意文字です。一方、仮名は、和語と外来語を表記するのに適した表音文字です。

　これは、時代の流れの必然だったのでしょうか。

　漢字が導入されたことによって、本来、音節がやさしい日本語は、複雑極まる言語になってしまいました。例えば「そば」の発音は一通りしかないのに、文字で書くと「そば」、「蕎麦」、「ソバ」、「Soba」と四通りもの表し方があるのです。このうち横文字の「Soba」を除けば、「蕎麦」は漢字で、「そば」と「ソバ」は仮名です。けれども仮名は、漢字の字画を省略して発明されたものですから、漢字がなければ仮名自体、当然、生まれて来なかったわけです。

　このように日本語の表記法は、漢字(万葉仮名)による表わし方ができて以来、約1,500年の間、変化し続けてきました。結果として、当の日本人でさえ、日本の地名や人名が読めないことがあり、カタ

カナ外来語の意味も十分に把握できないことがあるという現状です。また、インターネットや電子メールなど通信関係で使われている顔文字は、メールでコミュニケーションを行う人々の専用表記語になってしまっていると言っていいでしょう。

このように日本語は、音節が少なくて話すこと自体は易しい言語ですが、文字で表現するとなると、実に複雑で難しいのです。

この対照は、非常に面白いと思います。

5．日本語と日本文化の関連

言葉と文化

僕は、文化とは人間行動の累積だと思います。行動を駆使するものは脳ですし、脳の働きを指令するのは思想です。そして、思想を具体的に展開させるのは、言葉です。

言葉はまた、内的表現と、外的表現とに分けられます。内的表現は自分の思想をコントロールするものですし、外的表現は他人の思想をコントロールしようとするものです。コントロールする側も、される側も、共通の考え方や価値観、思想を持ったときに、一種の概念ができ上がり、それが長く続くと独自の文化が生まれてきます。

日本文化は、日本国民が長い間日本語を使ってきたことで、日本的な共通の思想を生み出しました。共通思想の外面的な表現が文明であり、内面的な表現を文化と言うわけでしょうか。

このことは、世界中に共通する現象です。言葉が、人間社会が取り決めた意思疎通の道具である以上、地域ごとにユニークな文化が生じるのは当然と言えるでしょう。

日本語と日本思想の本質

　日本語の本質を、一言で定義することは大変難しいと思います。なぜなら、何度も言いますが日本語は多重構造言語だからです。和語は大和なり、の思想を持つものですし、漢語は中華思想を代表するものです。また欧米外来語は、西洋思想の影を強く映しています。

　さて、日本語の構造がこのようなものですから、同じように日本人のものの考え方も多重構造だと言えるのではないか、という疑問が当然湧いてきます。けれどもその答えは「否」なのです。日本人はやはり、日本人なりの個性を持ち、その考え方は、決して中華風でもなければ、欧米風でもありません。

　では一体何が、「日本的思想」の本質、「大和魂」の根源なのでしょうか。

　その答えは、「**和語グループⅡ**」にあると考えられます。つまり、日本独創の和語体系の内面に潜んでいるもの、です。それは何かを真似したものではなく、自発的かつ能動的なものと言えるでしょう。

和語グループⅡは「表意的」且つ「視覚型」言語

　皆様ご承知の通り、中国の漢字と古代エジプトの聖刻文字は「表意文字」であり、アルファベットや仮名などは「表音文字」です。ただしこれは、あくまでも文字に限っての話なのです。音声言語（話し言葉）の分野では、表「**意**」言語とか、表「**音**」言語とかの区別はありませんし、専門的な研究もなされていないというのが実情です。

　近代言語学の権威と言われるソシュールは、「言語（音声言語）とは、記号には恣意的性質がある」という理論を提唱しました。

　彼が主張する「言語の恣意性」の理論とは、日常我々が話している言葉には、「発する声の音声面（能記）と、語彙そのものの意味内

容面（所記）との間に必然的な関連はない」ということです。もっと砕いて言いますと、つまり、話す音声と話される言葉との間には、規則的な関連性を認められない、というような論理です。

　異国間での言語を比較すると、彼の主張は確かに当て嵌まるように思えるかもしれません。けれどもそれは、「和語グループⅡ」には当て嵌まらないのです。

　何故このような矛盾が起きるのでしょうか。

　その答えは簡単です。すなわち、ソシュールは、サンスクリットや印欧諸語などの「表音系文字」言語を専門に研究し、おそらく日本語、特に和語の奥深い領域にはさわらなかったのでしょう。

　先に述べたように、和語グループⅡの言葉の造語原理は、彼の主張に全く反しています。和語グループⅡでは、言葉の言語記号の音声面（能記）と意味内容面（所記）との間には、明らかに、必然的な結び付きがあるではありませんか。

　僕はここに、「和語の必然性」とでも名付けて、新しい言語理論を打ち立ててもよいのではないかと思います。

　・例：火→日、氷、樋、杼、桧…全部「ひ」と発音する語群。

　上記の語群例の音声（記号）は同じものです。

　一見しただけでは、これらの意味内容は互いに無関係のようであり、あたかもソシュールの言語理論にぴったりのように見えます。けれども、事実はそうではありません。

　「火、日、氷、樋、杼、桧」は和語グループの言葉であり、これらの単語には意味合いの上で共通性があります。それぞれの言葉の裏に隠されている意味と、表に出ている表音記号（音声）との間に、結び付きがあるのです。

　なぜこのようなことになったのか、と言えば、それは、和語グループⅡの言葉が、表意性の高い「**表意言語**」だからなのです。

和語グループⅡの造語原理は、基本的には、どう見えるかを表現することであり、物事を「目」で観察したり、偶然「目」についたりしたことなどを、既存で同質の言葉の音素をはめこんでみたりして言葉が作られています。

　ですから、僕は、この和語グループⅡの言葉を、視覚的な要素が強かったので「視覚型言語」とも命名してみたわけです。この和語グループⅡこそ、世界有数の、超密集型「表意言語」と言えると思います。

和語グループⅡに潜む秘密

　和語グループⅡという言葉の発明は、それを代々伝えてきた先人達の知恵と性格をかすかにではあっても、窺わせるものです。それは、中国の漢字の発明に匹敵するほどの大発明ではないかと思うほどです。そもそも漢字は、中国の殷の時代（約3500年前）に生まれたと推定されていますが、では一体、和語グループⅡの言葉の起源はいつ頃なのでしょうか。

　これは非常に難しい問題です。けれども、直接的な証拠は挙げられなくても、傍証的にアプローチしてみると、次のような興味深い事を証拠にできるのではないかと思います。

　すなわち、「漆（うるし）」の起源について、です。最近の研究では、日本の漆の起源は、約9,000年前まで遡れることがわかってきています。当時漆は、接着剤として、割れた土器を補修したり、やじりと矢を付けたりすることに使われていたようです。

　うるし（漆）は英語で「ジャパン」と呼ばれ、これは陶器を「チャイナ」と呼ぶのと同じように、世界の中で国を代表するブランド品として認識されています。これを縄文時代に移せば、「うるし（漆）」は、当時としては価値ある「売る・し」ものというイメージを漂わせ、物々交換の時代に「うるし（漆）」という新語の誕生に繋がった

のではないかと想像できます。

　このことは、ちょうど1,899年に、北京の薬屋で発見された「龍骨」（亀甲や獣骨）と称する薬剤から、その骨の表面に刻まれている紋様に気付かされ、それが偶然、甲骨文字（漢字の起源）という世紀の大発見に繋がったのと同じようなことと言えるでしょうか。

　　・和語グループⅡ：売るし（概念）⟷　うるし［漆］（実物）

（詳細は後章にて）

　仮に上記の推測が正しければ、恐らく9,000年前の縄文人には、既に「うるし（漆）」と「売るし」の２通りの概念用語が日常に流通していたと思われます。そして、この事例から、和語グループⅡ（日本独創の言語体系）の言葉が発明されたのは、少なくとも9000年前まで遡れると考えられるのです。

日本人の特質

　さて、日本人とは、どのような特質を持つ民族なのでしょうか。キーワードはいくらでもあります。
　「和の民族」、**「秩序正しい民族」**、**「本音と建前の民族」** などなど。
　しかし、これらを一つの言葉で括れ、と言われると、なかなか良い言葉が思いつきません。実は、それは無理もない話なのです。何故なら、日本人は長い間、多重文化に影響され、「和魂漢才」とか「和魂洋才」などの言葉にも見られるように、何もかも単独で存在する民族的概念というものが、はっきりとしないからです。
　しかし、そうは言っても、それでは一体日本の民族性はどこにあるのか、という話になります。
　答えはやはり **「和語グループⅡ」** に求めるしかない、と僕は考えます。先に述べたように、和語グループⅡの言葉は視覚型かつ表意

性の高いものですから、日本民族の思考モデルもきっとそれに左右され、民族の帰属意識(アイデンティティー)として脳裏深く刻み込まれているはずだと考えます。その潜在的な意識は何かというと「視覚集中型」の表現を好む性質ということになり、極端に言えば、なにごとも「目」で確認しないと気がすまない性分、ということになるのではないでしょうか。

・「和」の国民性

国名としての「日本」、「和」に関する意識を、他の国と比べると格段の違いがあることに気付かされます。他国では、自分の国の名を物事の前に冠する風習は多くありません。せいぜい中国で「中華料理」・「漢方」・「唐装」など、ごく少数の事柄に自国名を付けているぐらいです。「中国茶」とか「チャイナドレス」などは、外国からの呼び名で、自称ではないのです。

けれども日本では、「日本庭園」・「日本茶」・「日本酒」・「日本画」・「日本髪」・「日本刀」・「日本犬」・「日本晴れ」・「日本舞踊」・「和服」・「和食」・「和室」・「和紙」・「和歌」・「和船」・「和菓子」・「和太鼓」・「和包丁」・「大和絵」・「大和魂」・「大和撫子」、更に「和菊」・「和牛」・「日本猿」・「大和芋」…など、日常用語として用いられている国の名を冠した言葉の例は、枚挙にいとまがありません。

このような現象から「視覚集中型」の国民性だと判断できるのは何故なのでしょうか。

例えば和食・日本茶は、もともと「味覚」に関わる食物ですが、日本人はよく「器を食べる」とか「茶道の礼儀作法」とか、常に視覚的な表現を重視します。和歌もその例に漏れず、もともとは「聴覚」に関わるものなのに、わざと「五七調」とか「七五調」とかに綴ってみせて、文字とした時にどう見えるか、という、文学的な表現を追求することに気を配っています。

また、和紙はもともと「触覚」や文字を現すための道具としての「実用性」に関わるものですが、それが和室の障子や提灯や包装紙などに用いられ、すぐに視覚上美的かどうかの感覚が問われるものになってしまいます。

　更に、日本晴れ・大和魂・大和撫子などは、もともと抽象的なイメージを表す言葉ですから、その尺度は測り難いのですが、日本人はよく「…美しい富士山が初雪の薄化粧」とか、「俺達サムライ同盟…」とか、「花嫁教室お得情報…」など、修飾語を多用するという表現手段で、抽象概念の具象化を図ります。「抜けるような青空がどこまでも美しい日本晴れ」、「頑張ってくれ○○選手、大和魂を見せてくれ」、「内に確かな芯を秘めた大和撫子」といった具合です。

　これらすべて、視覚上にフィードバック効果を求める現象と言えるのではないでしょうか。やはり日本語は、「**視覚重視**」の性格による表現手法を持った言葉である、としか言いようがありません。

・秩序正しい国民性

　終身雇用・年功序列制度が消え去ろうとする今、日本ももはや従来通りの秩序正しい社会とは言えなくなるでしょう。けれども、別の立場から見てみると、社内活性化や貢献度評価など、職場改革に新しいイノベーション戦略を立てて、新たな秩序正しい日本社会を再構築している最中だとも考えられます。

　秩序というものは「一事が万事」、「味噌も糞も一緒」に伝統を守ることではありません。これからはむしろ、常に時代の先を読み、変化していく時勢の流れに態勢を整えながら、情報を得たり考え方や価値観を調整したりすることで、来たるべき新しい「秩序正しい時代」の幕を開けていこうとする姿勢が重要なのではないでしょうか。

　秩序は可変性、けれども、態度は不変性でなければなりません。

正しいことに服従する精神と、執念深く意志を貫く精神。

　これこそ、日本人のユニークな国民性だと思います。そして、その心根は多分、古くから日本人の心の中に、深く染み付いているのだと思います。

　日本人は、常にその精神と態度を視覚的な尺度に基づいて、一定に評価し合っています。誰もが無意識のうちに、自分や他人を「**目の秤**」に掛けたり、掛けられたりしているのです！

・本音と建前…の国民性

　「本音」や「建前」に該当する言葉がなくても、世界中の人々はやはり、その微妙な差異を十分に把握し、相手や状況によって上手に使い分けています。

　日本でも、「なにが」本音で建前なのか、「どれが」本音で建前なのか、一般的に見分ける能力を持っています。そして日本人は、この社会慣習を当たり前と受け止め、お互いに応酬し合っています。にも関わらず、一旦外国に出ると、普段、日本で使い慣れている本音と建前の習わしにギャップを感じて、躊躇することがしばしばあるのです。

　日本ではうまく通用する「世間の習わし」なのに、外国へ行くと通じなくなってしまうのはなぜなのでしょうか？

　この違いは、やはり「**視覚型民族性**」と「**聴覚型民族性**」との差異から生じたものではないかと考えられます。

　日本人は、建前を通す時に、「建前」にわざと「本音」の糖衣を被らせ、本音以上に見せ掛けようとします。逆に、その建前を崩して本音を見せなければならない山場に差し掛かった時には、反って、その動作をなるべく控え目にする傾向があります。それは例えば、愛を語る時に、何とも思っていない相手には口八丁になったり、本命の相手には沈黙は金、の姿勢になる、といったような感じです。

これこそが正しい礼儀作法、対人関係を円滑にする処世のあり方だと、小さい頃から教えられているそうです。けれども、外国人、特に西洋人の場合には、全くそれと違った価値観を持っています。

　子供が生まれて初めて幼稚園に入る時、日本人は「これから集団生活が始まります、家庭の中で何もかも思い通りだった今までのようにはいきません。だから自分を抑えて我慢し、回りに合わせていくことを覚えなければなりません」と教え、西洋人は「だから、自分の要求をどうやったら周りにわからせ、通すことができるのか学ばなければなりません」と教えます。こんな所にも国民性の違いは明白です。

　このように、日本人は「国民的な視野」で本音と建前を使い分けながら、人間関係重視の日本社会を維持しているのです。

日本文化は視覚集中型

　言葉は、その言葉を使う民族に独特の民族性を作り上げます。このことは日本も例外ではありません。和語は、日本人の思想の根源であり、ユニークな日本社会を構築する礎になりました。

　和語グループⅡは、ここまで述べてきたように「視覚型言語」です。ということは、この言葉の下に育ってきた日本文化も、当然ながら「視覚型文化」の面影を強く感じさせます。つまり、日本文化の特徴は、極めて視覚的な価値観に支配されていると言えるのです。

　このことは、日本人の衣・食・住に対する在り方や日常生活の暮らしぶりを見れば分かるのではないでしょうか。「衣」では、女性の和服姿は綺麗極まり、男性の背広姿は猛暑の夏でも整然たるものですし、「食」では、美味しい料理とは味も大事ですが、ほぼ同等に見た目が大変重視されますし、「住」では、日本庭園の美しさは、世界有数の造園芸術の極致と言えるものです。

　また、モノ造りに関しては、実用性と品質は勿論のこと、ファッ

ション性とデザイン性には、美的感覚が厳しく要求されます。出発点からして「視覚重視」の商品開発ですから、日本製の製品は、長きにわたって世界中のマーケットを制覇しています。

とはいえ、視覚偏重傾向の民族性にも欠点はあります。

何でも真面目過ぎて、慎重さのあまり効率が悪くなることです。その一方で、あまりにも視覚的なモノ（領域）に偏り過ぎているため、産業として製造業は強くても、IT関連のソフト開発や、エンターテインメント的な映画や音楽といった産業分野では、まだまだ努力の余地があるように思います。

言葉そのものが培った、民族の内面にあるものが、無意識の内に外面へと表出した時、それが独特な文化として現れます。日本文化は、「和語グループII」という表意言語の揺りかごで育まれ、また、中華思想を代表する、表意文字の漢字から大きな影響を受け継いできました。この背景から、「二重表意性の言語」環境に養われてきた日本人は、より一層、視覚集中型の人間になる傾向を持ちました。そうなれば当然、それらの人間集団が共同で作った社会や文化は、「視覚集中型の文化形態」になるというわけです。

さて、ここまで、日本語の特性について語ってきましたが、再び、三つに分けた和語グループの検証に立ち帰りたいと思います。

第四章　和語の検証

1．水と空気

母なる大地

　地球は、約46億年前に誕生したといわれ、しかもかなり初期の段階から水と大気に満たされ、計り知れぬ数の生物を育んできた星です。

　このため地球上の生き物は、始めからあまり労せずに、水と空気の恩恵を受けてきました。人間ももちろん例外ではありません。

　水があって、漁労・農耕・養殖・運輸・貿易・レジャーなどが可能になります。

　空気があって、点火・燃焼・会話・調理・飛翔・運航などが可能になるのです。

　水と空気が同時に働けば、器具製作・電力通信・生産娯楽など、ライフスタイルに関する活動はより広範囲に、効率的になるのです。

水と空気の依存関係

　地球の大気の組成は、太古から今の状態になるまで何回か大きく変わってきました。最初は太陽系の近隣の惑星と同じように、ほとんど炭酸ガスに覆われていたようです。ところが水があるために、太陽の強い紫外線が水から水素を放出させ、それが次第に炭酸ガスと作用しながらメタンに変わっていきました。その後メタンが減り、更に光合成を行う単細胞生物が大量に発生したことによって酸素が増え、成層圏にオゾン層が形成されて、初めは植物が、そして動物達が、順に上陸していきました。

地球は、ほどよい大きさを持っていたために、引力で水と空気を
とどめることができたのです。もし仮に引力が低ければ、地球は真
空に近い状態になり、低い沸点によって、水が瞬く間に蒸発してし
まったでしょう。そうなれば水がなく、地球上には始めからあらゆ
る生命現象が存在し得なかったことになります。もし生命体がいた
としても、空気という介在物が薄いため、音波は伝わりにくくなっ
たはずです。音が確実に聞けないなら、会話もできなくなりますし、
勿論、言葉というものなど、最初から発生しなかったでしょう。

日本人の「水と空気」観

　水と空気は、人間にとって、生きていくのに必要不可欠なもので
す。現代では皆が、地球環境や温暖化問題などに関心を寄せていま
すが、太古の日本人は、「水と空気」を一体どのように見ていたの
でしょうか？
　ここでは、和語の世界から、その謎を探ってみようと思います。

- 「 水 」とは　　「見ず」、つまり見えないもの。
- 「空気」とは　　（和語は？）。

　面白いことに、目に見えるものが「ミズ」に、見えないものには、
その名がありません。一瞬唖然としますが、よく考えてみるとこの
事は、決して矛盾などではありません。
　一つ一つの言葉は、その対象を認識、あるいは意識して初めて、
誕生します。例えば「ゼロ」という概念が発見される以前は、「０」
という言葉と表記はありませんでした。また、もう一つの例として、
砂漠に覆われているエジプトでは、基本的に一年中雨が降らないの
で、元々「雨」という言葉はありませんでした。首都カイロでは、
昔から雨水を排水するための下水道が造られていません。無いもの

に対して用意しないのは、当然のことですから、近年の異常気象で
大雨が降ったりすると、市民がひどい目に会ってしまうわけです。

「〜ず」語彙の不思議

　ここまで、和語グループⅡは「表意言語」である、と繰り返し述
べてきましたが、この「水と空気」の例を見れば、より一層、納得
できるのではないでしょうか。

　「水」は、常温では無色透明・無味無臭の液体です。そのため、
「見ず」と認識されたと思われます。けれども、なぜ「ミズ」とい
う名前になったのでしょうか？

　その謎は、言葉の最後に付いてくる音「〜ず」にありました。あ
〜ん順に、「ず」音が末尾に来る和語を分析していて、驚く結果が
出たのです。

- **あず【〈崩岸〉】**：崩れた岸。　　崩れた規模が計り知れない。
- **いず【何/何処】**：どこ。　　（上代東国方言）不特定場所の
　　　　　　　　　　　　　　　　　指示代名詞。
- **うず【渦】**：渦巻きのこと。　　奥深く底が測り知れないイメー
　　　　　　　　　　　　　　　　　ジ。
- **うず【珍】**：珍しい。高貴。　　品物が珍しくて、売らない（＝
　　　　　　　　　　　　　　　　　売ず）こと。
- **かず【数】**：数量。　　計量的で、数量の多寡が定量
　　　　　　　　　　　　　　　　　化し難い。
- **きず【傷】**：傷。創傷。　　昔は多分、深い傷を指したの
　　　　　　　　　　　　　　　　　でしょうか。
- **くず【屑】**：細かくて無用な物。　価値がなくて、無視されるイ
　　　　　　　　　　　　　　　　　メージ。
- **しず【静】**：物音がない。　　虫の鳴き声が無く、「シズ」

のイメージ。

・すず【鈴】：楽器・装身具。　　　　外力（＝する）がなくても鳴る
　　　　　　　　　　　　　　　　　イメージ。

・すず【篶/篠】：細い竹。　　　　　桿<small>かん</small>が細高く、笛（＝鈴）の材料
　　　　　　　　　　　　　　　　　か。

・ねず【鼠】：「ねずみ」の略。　　　こそこそと音を立てない動物。

・はず【筈/弭】：当然のこと。　　　抽象的で、事柄の程度を把握
　　　　　　　　　　　　　　　　　し難い。

・まず【先ず】：一応。ともかく。　抽象的で、物事の状況を対応
　　　　　　　　　　　　　　　　　し難い。

・みず【水】：化学式「H_2O」。　　常温で無色透明・無味無臭の
　　　　　　　　　　　　　　　　　液体。

・みず【〈針孔〉】：めど。みぞ。　　針の端の穴、見えづらいイメー
　　　　　　　　　　　　　　　　　ジ。

・みず【瑞】：めでたいこと。　　　水こと瑞雨・瑞雪は豊作の兆
　　　　　　　　　　　　　　　　　し。

　これらの例で分かるように「〜ず音」結尾の和語には、生活上身
近な出来事を表す言葉もあれば、抽象的なイメージを感じさせる言
葉もあります。そして、これらの言葉の共通点として、何か「未知
世界」、「測り難い」、「底知れない」イメージを「現実世界」に「目
視」できるような言葉に、置き換えようとする努力が窺われます。
　水は、確かに具体的に見えるものではあるけれど、古くは、海
や湖や沢など、水深もわからず、誰も踏み入った事の無い所も多く
ありました。また、すくって見ると透明で、確かにそこにあるのに、
見えません。「見える」よりも「見ず」＝「水」の方が、表現する
言葉として相応しく思えたのでしょう。

視覚型民族

　このように、「水」は具体的に見えるモノだからこそ、認識されて、「Mizu」という名前が付きましたが、その一方で「空気」は、実在してはいても全く感じないモノなので、名前が付きませんでした。

　本来ならば空気にこそ、「ミズ」という名が付いてもおかしくはないはずなのに、「空気」に当たる和語は創られません。そしてとうとう、漢語の「空気」という言葉を迎えることになります。

　英語では、空気に当たる言葉は「Air」です。ところが面白いことに、「Air」（発音アイア）はインドネシア語では「水」という意味になるのです。このように言葉というものは、必ずしも発音や表記どおりに、何か特定のものをイメージするとは限らないものなのです。

　もしも太古の日本人が「空気」の存在を認識していたとすれば、恐らく「ミズ」という名を付けていたでしょう。そして、「水」は、創られた最初から別の名前になったか、「寝ぬ」から新たに「寝る」という新しい言葉が誕生したのと同じように、別の言葉になったことでしょう。

　でも結果は、「水」は「ミズ（見ず）」で、「空気」は「×」なのです。

　日本人が、具体的に目に見えるもの、体に感じることを重視する民族、いわゆる「視覚型民族」ならではのことと言えるのではないでしょうか。

　空気には和語がないのは寂しいですが、せめて気になる「気」に関連する言葉を取り上げてみます。

・氣＝き　　気、汽(漢音)。
　　＝け　　気　　　(呉音)。

　　語例：空気、換気、気体、気圧、気泡、気孔、気候、気象、
　　　　　天気、気功、景気、電気、磁気、汽車、汽笛、水蒸気、
　　　　　蜃気楼、気管支炎、…など。
　　　　　元気、勇気、活気、陽気、人気、気性、気合、気分、
　　　　　浮気、気韻、気運、病気、雰囲気、不気味、生意気、
　　　　　気の毒、意気地、気配、水気、寒気、湿気、湯気、色
　　　　　気、眠気、吐気、脚気、…など。

息＝いき・そく　　溜め息、吐く息、喘息、休息、息吹、鼾(いび
　　　　　　　　　き)、…など。
生＝いき　　　　　生き、活き、逝き、呼吸、阿吽(あうん)、…など。
泡＝あわ　　　　　沫(あわ)、鮑・鰒(あわび)、泡(あぶく)、…など。
空＝から・そら　　空(そら)、空っぽ、空(うつ)ろ、空(うつほ)、空(あ)く、空く、空(むな)しい、
　　　　　　　　　真空、空間、大空(おおぞら)、天(あま)、…など。
風＝かぜ・ふう　　風通し、風邪、風上、台風、突風、風情、風船、
　　　　　　　　　…など。

煙、霧、雲、靄(もや)、霞(かすみ)、嵐(あらし)、颪(おろし)、凩(こがらし)、凪(なぎ)、凧(たこ)、東風(こち)、南風(はえ)、山背(やませ)、
疾風(はやて)、竜巻(たつまき)、…など。

咳(せき)、くしゃみ(くさめ)、げっぷ(おくび)、屁(おなら、へ)、…な
ど。

ガス、エア、エアコン、水素、酸素、窒素、炭酸ガス、メタン、…
など

2．太陽と月

基礎講座

　「太陽」　恒星。直径約140万km、地球の約109倍の大きさ。地球との距離は約1億5,000万km。主成分は主に水素とヘリウム。

　「月」　地球の衛星。直径は約3,476km、地球の4分の1、太陽の400分の1くらいの大きさ。地球との距離は約38万km。自ら発光せず太陽の光を反射して輝く。

　太陽は、地球にとって重要なエネルギー源です。月は、地球の回転軸の傾斜角を一定に保ち、潮の干満に欠かせない役割を果たしています。どちらも、生命の存続と進化になくてはならない、重要な働きをする天体なのです。

　地球から見ると、月と太陽の大きさがほぼ同じくらいに見えますが、月と太陽の大きさが400倍くらい違い、更に地球からの距離の差も400倍くらいあるからです。このことが、太古の人間には、どれほど不思議に思われたことでしょうか。

太陽と月は同一天体？

　・太陽＝月　……？？？　　☀○ ＝ ●《《 ……！！！

　こう言うと笑われてしまうかもしれませんが、太古の人間は、本当にそのように思い込んでいたかもしれないのです。実際に15世紀まで、ヨーロッパの宇宙観では「地球が宇宙の中心にあり、太陽や月やあらゆる星は、地球の周りを回っている」という天動説が信じられていました。また、日本では、青森で発見された有名な縄文集落、三内丸山遺跡からは、太陽を示すものはあっても、月を示すものは今のところ何一つ出土していません。更に、作家の井沢元彦か

ら「日本人はあまり月というものを熱心に信仰した形跡はない……」と指摘しています。

　一方、最近の研究では、月は年に約5㎝ずつ地球から遠ざかっていることがわかったそうです。この計算でいくと、1万年前だと500メートル、2万年前だと1キロ（1,000メートル）、月は地球に近かったことになります。昔の人が見た月は、今の月よりずっと大きかったというわけです。その頃地球から見た月と太陽の大きさは、今より更に近かったことでしょう。

　今から1〜2万年前、縄文時代に、おそらく和語の「ぴ（日＝P音）」と「つく/つき」は、既に日常会話として使われていると思います。果たしてその当時の人々が、それを2個の、別々の天体として認識していたかどうかは、疑問ですが。

古天文学の新発見

　太古の人々は、自然現象や天文現象を呪力（じゅりょく）のあるものとして、怖がったり、崇拝したりする傾向があります。日の出、日の入り、月夜、闇夜など、科学の進んだ今ならごく自然に受け止められる現象も、かつては人々に畏怖嫌厭（いふけんえん）（おそれいやがること）の情を起こさせたのかもしれません。

　ここでは、言語学的な立場から太陽と月を古代日本人がどう捉えていたのか考察してみます。

　まず、日の出と日の没（ぼつ）の言葉から、例を挙げて検証してみましょう。

太陽＝日（ひ）　　[昔はP音]　日の出（動詞）→放（ひ）る‐‐→ひる（昼）
月（＝日）と認識　[つく/つき]　日の没（動詞）→尽（つ）く‐‐→つく

（日が尽く）

・昼夜の一循環を表す日常用語を分析

（日の出）→明く・あさ（朝）［朝方］→放る・ひる（昼）［正午］→（夕
焼け）［夕方］→暮れ・くれ（暗）---→（日の入り）
（日の入り）→尽く・つく/つき（日＝月）［今宵］→寄る・よる（夜）
［夜間］→点く・あかつき（暁）［早朝］---→（日の出）

　これらの言葉は、ごく普通に使われている一般用語です。この例
に示した言葉をよく吟味すると、日の出から日の入りまで、昼夜の
循環では、何となく日（太陽）が主役のような気がします。月は「つ
く」と「つき」の２通りの訓読みができますが、これはあくまでも
「月」という天体を具体的に認識した後の世代が、前の世代の言葉
をそのまま受け継いで用いた名前だと思われるのです。前の世代の
人々は、おそらく「夜には『日は尽く』けれども、日そのものの
『灯火効果』は尽きず」と信じていたのでしょう。
　かつては「日」と「月」が同じものという概念だった、と考えれ
ば、「つく」はあくまでも「ひ」そのものの夜間の運行状態を示す
「動詞形」の言葉です。それは、決して今日の「月」を指し示した
「固有名詞」の「つく/つき」を認識したものではなかった、と思わ
れます。
　やはり、古代日本人は、太陽と月を同じ一つの天体と思い込んで
いた可能性が大きいようです。和語の「日」と「月」が辿った言語
発展は、歴史的「ビューティフル・ミス（美的錯誤）」とでも言うべ
きでしょうか。

日に関する和語

　日は、火に次いで古い言葉の一つだろうと思います。このため、

「日」から生じた派生語や複合語も、非常に数多いのです。その各々の言葉の単語構成の中には、その由来がすぐ分かるものもあれば、かなり広い範囲から実例や証拠を拾い集めた上で、ようやくなるほどと思い付く言葉もあります。

・ひる【放る】： 日＋る（自発）＝放る（ひる）　昔、「日の出」を表した動詞形の言葉だったのでしょうか。

派生語　【干る】：干す。乾く。　　　　　日＋る（受身）＝干る（ひる）。

　　　　【 昼 】：昼間。正午。　　　　　日＋る（名詞化）＝昼（ひる）。

複合語　【 光 】：光線。光るもの。　　　日＋着り＝光（ひかり）→光る。

　　　　【 東 】：日の出の方角。　　　　日＋が＋（差）し＝東（ひがし）。

　　　　【低い】：位置が下の方。　　　　日＋食い（食われた）＝低い（ひくい）。

　　　　【輝・罅】：ひび割れ。亀裂。　　日＋日（日々の日照り）＝輝（ひび）。

・あま【 天 】： 空。つまり、天＋間＝天（あま）。　この分析から、かつて「天」は「あ」だけの単音語だったと思われます。

派生語　【明く】：夜闇から明ける。　　天＋く（こと）＝明く（あく）。

　　　　【開く】：大地は夜闇から開ける。明るくなる。

	【飽く】：満足する。ひいては、夜、睡眠がよく取れて満足する。		

複合語　【　朝　】：日が差す。　　　　明(あ)く＋差(さ)す＝朝(あさ)。

　　　　【明日】：日が差してからにする。　　明(あ)く＋す(る)＝明日(あす)。

　　　　【明り】：日差しの明るさ。　　明(あ)く＋着(か)り＝明り(あかり)。

　　　　【　赤　】：日の出(赤/紅)。　　明(あ)く＋日(か)＝赤(あか)。

　　　　【暑い】：日差しが暖かく。　　明(あ)く＋終(つい)＝暑い(あつい)。

　　　　【漁る】：灯火漁法。　　明(あ)く＋然る＝漁る(あさる)。

　　　　【　暁　】：夜明け頃。　　明(あ)か(り)＋点き＝暁(あかつき)。

日と月の区別

　日本で、日と月が別々の天体であることを具体的に認識したのは、おそらく漢文化が入ってきてから以降のことだと思われます。けれども、初期の段階ではまだ、本当に二つ別の天体か、半信半疑の様子をうかがわせていたような気がするのです。つまり、これが文字をとどめる歴史時代に入っても、月に関する記述が少なかった理由なのではないでしょうか。

　また、日本人が日と月の違いを認めたのは、かなり後世のことだともっと確信できる証拠があります。

　まず、漢字が日本に伝わって、馴染んできた頃の風景を想定してみてください。それはちょうど、万葉時代を終えかけ、仮名が発明

された頃のことでしょう。

　日本人は和語を漢字で表現するのに、視覚的な特性をやっぱり発揮しました。和語と意味の一番近い漢字を探して当てることにしたのです。例えば「はる」は「春」の字、「ゆき」は「雪」の字を、それぞれ書き記していきました。「漢字訓読」です。

　このことを踏まえて、「昼」と「尽」の字について調べてみましょう。

・昼→晝（旧字）　会意。「日」と「くぎる」の省略形の合字。その字画の一番下に地平線のように「一」が入って、更にその上に日が付く。まさに夜との区切りを付けて、日が地平線から昇る様子を指します。つまり、くぎる＋旦→日の出＝放る→ひる（昼）。

・尽→盡（旧字）　会意。皿の上にある四つの点は「火」を意味し、「火が燃え尽きる」と「皿」との合字。「盡」の字はつまり、皿の中がからになった意味なのです。まさに大地が皿のように、日が燃え尽きた（「月」は残り火のイメージ）ような意味を持っています。つまり、日が燃え尽き→日の没＝日がつく（尽く）→つく（尽く）…→つく（月）。

　このように和訓読みの「ひる」には『晝』の字を、「つく」には『盡』の字をわざわざ選び書き記しました。これに特別な意味を感じないでいられるでしょうか。

造語ミスで「永遠の日出ずる国」になった──日本！

3．和語の成り立ち

真似と創造

　人類の歴史は、模倣と創造の繰り返しです。

　にもかかわらず人々は、何かを「まねする」ということに罪悪感を覚え、しばしばマイナスイメージを与えてしまいます。けれども、「真似」という字面を見る限りでは、この言葉は確かに模倣、イミテーションという意味を持ちはするけれども、丸ごと「コピーする」ということではないのです。

　そもそも人間は、それがどんな天才であったとしても、まったくの無からの創造は不可能だと思います。何かを生み出す時、そこに「きっかけ」や「ひらめき」がなければ、「創造」は出来ないのです。何もないところから何かを生み出す「完全な創造」があるとしたら、それはもう、神の業でしょう。

　21世紀は宇宙の時代と言われていますが、宇宙飛行船であるスペースシャトルの外観を見れば、その形はまだ前時代的、通常のジェット機をかたどっただけのように見えます。UFOのような円盤型や、あるいはまだ誰も見たことのないような飛行物に発展させるには、まだまだ時期尚早なのでしょう。

　このように、何かの真似をし、発展させるのは割に簡単ですが、何もないところから創造するのは大変難しいことです。

　言葉の世界も同じです。

　初期のホモ・サピエンスは、身の周りの出来事を学習対象として、一種の物真似をしてきたと考えられます。

　例えば、バスク語の「Su」は火を熾す動作であり、動作音です。その音をまねて「Su（火）」という言葉を作ったのだろうということは、容易に想像できます。やがて彼らの子孫は、新天地を求めて移動し、他族の集団と混じり合っていきました。その過程で、火を

意味する「Su」という言葉が、太陽を意味する「Sol」や「Sun」に変貌していったと考えられるのです。

　こういった変化を、単なる真似事と見るだけでは不十分です。そこにはやはり、啓発性の高い、創造的な要素が含まれていると考えなければなりません。

「Su（火）」（物真似による造語）⇒「Sol・Sun（太陽）」（創造的な造語）

和語の属性

　言語発展の関係からもう一度、和語の成り立ちを踏まえて、これら物真似による造語や、創造的な造語のメカニズムを振り返ってみましょう。

- 和語グループⅠ（渡来和語）：真似・コピーの概念としての造語
  語源由来：当時の外国語。

- 和語グループⅡ（和製和語）：創造的な造語
  語源由来：和語グループⅠの既成語。

- 和語グループⅢ（和製外来語）：真似＋創造的概念の造語
  語源由来：一、和語グループⅠ或いはⅡの既成語＋当時の外国語。
  　　　　　　二、和語グループⅠかⅡの既成語。

　ここでは、大和言葉を和語と名付け、グループⅠ、Ⅱ、Ⅲと三つに分けましたが、この分け方に疑問を持たれた方もいると思います。そういった疑問を解消するために、ちょっと難しいかもしれませんが、専門用語を使った説明を付け加えさせていただきたいのです。

　従来の比較言語学では、複数の言語を比べる時、互いの系統関係

や類縁性を見出すために、「共通祖語の再建」という言語理論が用いられます。また、同系と推定される言語同士なら、その「音韻対応」や「文法要素」、「基礎単語」などの親近性を問題にしたりもします。こうした研究方法は、インド・ヨーロッパ語族（印欧語族）、オーストロネシア語族などの親縁関係解明に、実際に貢献してきました。

4．日本祖語の再建

本当に系統不明か？

　日本では大和言葉を、古くから続く単独の一大言語として系統立ててきました。日本祖語の再建が行き詰まったのは、まさしくそのためだったと思います。現に、他の言語との共通祖語が明確にされていないため、学者間では、便宜的に、日本語、朝鮮語、バスク語などを、分類上、系統不明の孤立した言語とすることが多いのです。
　けれども、果たしてそれでいいのでしょうか？　本書では、ウイグル語、台湾語、英語、中国語を対象に、実例を挙げながら日本語との親縁関係を考察してみたいと思います。

・和語グループⅠの再建

　グループⅠの言葉は、渡来和語として先に定義した通り、耳頼りの**「聴覚型言語」**です。従って、類縁性の高い他の言語と共通する点を見つけるためには、「音韻対応」による法則と「基礎単語」を検証する必要があります。このことから、グループⅠの言葉と他言語の基礎単語を比較分析し、音韻がどう対応しているか調べれば、互いの類縁関係や系統性を見出せるのではないか、と期待できると

いうわけです。

例①：日本語の「火」は昔、「Fo」音と「Pi」音で話されていた。
英語の「火」は「Fire」、古和語の「火」と音韻対応の関
係がある。

ところで、上記の例を見て、グループⅠの言葉はすべて大昔から
伝来したものばかりである、と思われがちですが、実はそうでもな
いらしいのです。例えば、台湾語の「Gaua（溝仔）」が和語グルー
プⅠの「Kafa/Kawa（川・河）」になったり、中国語の「Langshi（狼
屎）」が和語グループⅠの「Noroshi（狼煙）」になっている、などの
例が見られます。これらの言葉は、せいぜい数千年前に伝えられて
きたものと思われるのです。となれば、日本祖語を再建するという
試みは、限られた一時期を限定したり、ルーツを単一なものだけに
頼ってしまっては、不十分ということになるでしょう。

例②：勘違いによる造語。
台湾語の「Hula（核仔・睾丸）」→　数字を表す和語の
「Hutatsu（ふたつ）」。

会話を交わす時、無知、誤解、偏見などで、相手の言葉を勘違い
してしまうことは、日常に良くあることです。こういった食い違い
は、大昔の人々にも良くあったことでしょう。例えば「草を語る」
の所で指摘した通り、「イグサ」は、元々ラテン語の「Ignis（火）」
から転訛した言葉と考えられます。ですから、音韻対応の法則によ
る祖語の再建を試みる時には、勘違いによる誤用や意味のずれなど
も考慮しなければなりません。

・和語グループⅡの再建

　グループⅡの言葉は、和製和語と定義した通り、目頼りの**「視覚型言語」**です。そのため、類縁性の高い他言語と共通する点は「構造相応」の法則に基づくと考えられます。たとえば、グループⅡの言葉とウイグル語の言葉との間には、語幹の系統的な親近性が見られることから、この２つは、分岐学的に見て、ある共通の祖先を持つか、あるいは一部の共通の祖語を持つことを意味するのではないか、と推測できるのです。例を見ましょう。

ウイグル語	日本語に訳した意味 （※すべて「見る」ことに関連する）
Köz	目
Körmek	見る
Körümsiz	醜い
Körkem	ハンサム、美しい
Koruxmek	会う
Közkharax	意見、考え方
Koz yexi	涙
Közeynek	眼鏡
Korgezme	博物館
Korelmeydighan	嫉む、嫉妬

　この他にも、ウイグル語の水は「Su」、ミルクは「Sut」といい、病気だと「Kesel」と「Yaman」の二通りの綴りを持ちます。「Su」と「Sut」は、上記の「Köz」や「Körmek」……などの言葉と同じ

く系統的な一貫性があり、まさに、後章に出てくる和語グループⅠの「う(鵜)」から、「うお(魚)」、「うる(得る)」、「うる(売る)」、「うく(浮く)」……など和語グループⅡの言葉が派生したのと、語根を持って新しい言葉が生成されるという、「構造上の一致性」に見事に合致します。このことから、双方の民族は、古くは共通の祖先を持つか、共通の祖語を持っていた可能性が強い、と言えるのです。おそらく双方の民族は、ひとつの語幹から次々と新しい言葉を連想していったのでしょう。言葉とはそうやって作られるという固定観念の働き掛けがあったからこそ、それぞれに造語上の構造的な「共通性」が、自然に湧き出したと考えられます。

　ところで、新しい言葉が発生するのも、民族ごとに歴史的な背景があるようです。例えばウイグル語の「Su(水)」は多分、水の流れる音からヒントを得て作られた言葉だと思われますが、バスク語の「Su(火)」とは、最初から異なった概念による造語です。その一方で、「Kesel(病気)」は、おそらく印欧語の「Disease(病気)」とお互いに影響を受けたと思われますし、「Yaman(病気)」は、後に和語グループⅠの「やまい(病)」になったと考えられます。

　ここに、もう一つ重要なポイントがあります。それは、ウイグル語はおそらく、現代に至るまで外国語の浸透による影響が少なかったのだろう、ということです。すなわち、上記「Köz(目)」から派生した色々なウイグル語は、完璧にその語幹の一貫性を保っており、「Korgezme(博物館)」という言葉が芽生えるまで伝統を守り続けてきたからです。

　一方、ウイグル語とは逆に、漢語を受け入れてからの日本語の造語能力は、和語としては衰退するばかりです。たとえば、本来なら和語グループⅡとして「ミモノヤ(見物屋)」というような言語発展をするはずが、そうできなくなり、漢語的表現の「博物館」という言葉を取り入れてしまいました。同様な状況で日本語は、外国語の浸透を許して外来語をどんどん取り入れてしまい、結果、和製漢語

の造語能力も大幅に衰退することとなったのです。

・和語グループⅢの再建

　グループⅢの言葉は、改良と進化型の和語で定義した通り**「視聴覚型言語」**です。そのため、類縁性を求めるには、他言語との共通点を見出すこと以外に、言葉自身の構造がどう再構築(内的再構)されたか見ることも、大切なポイントの一つになります。また、「音韻対応」の法則や、「文法要素」がどう関連してくるか、などから確かめていかなければなりません。

例①：「音韻対応」の法則による。
　　こめ(米)、くり(栗)、いち(市)…など。

|米|　日本の稲作の文化は、縄文時代前期か後期に伝来したと言われています。伝播経路を辿ると、その起源地は、中国の長江中・下流域になるという説が有力です。

　　このことから、日本語の「コメ」という言葉は、昔、中国から伝えられてきた可能性が強いと言えます。当時の長江中・下流域の言葉は呉音(例：施米)が主流で、米は当時「Mai」と発音されたかと思われます。それが日本に伝えられ、和語として一番馴染んだであろう音「メ」が、そのまま一時使われていたのでしょう。ただ、やはり単音としての日本語には不安定なところがあって、単音の言葉はしばしば複音に言い換えられます。「目」は「お目め」、「井」は「井戸」、「尾」は「尾っぽ」というように、加筆、加音されるのです。「メ」もまた、既存単語だった「コ(小)」の造語成分を付け加えられて、「コメ(米)」という新語になったと思われます。

栗　栗もまた、日本における栽培の歴史は長いものです。縄文遺跡から、炭化した栗が出土していますし、三内丸山遺跡（青森）では、大規模な栗の栽培跡が発見されています。古事記にも「具理」と表記されているのが確認されています。

　　栗は、中国語では「Li`」と発音する単音の言葉です。それが日本に伝わり、米と同じように単音では不安定なため、既存単語の「ク（苦）」の造語成分を付け加えて、「クリ（栗）」という新しい言葉ができたのでしょう。

　　栗には、渋味のタンニンという物質が含まれ、アク抜きをしないと美味しく食べられません。その苦味を中国語では「Ku（苦）」といいます。ちなみに、「Ku（苦）」は「Li`（栗）」より前に日本に伝来していたと考えられ、後の「Kurushii（苦しい）」という言葉の語素になった可能性があります。「苦」はもともと中国語では「苦い」と「苦しい）」の両方の意味を持っていますが、おそらく当初は日本でも、その両方の意味を持っていたと思われます。ただし日本ではその前後、「Nigai（苦い）」という言葉が別にできてきますから、「Ku（苦）」は、単純に「Kurushii（苦しい）」と「Nigai（苦い）」を意味する和語的な表現に限らず、「苦痛」や「苦労」や「苦渋」などのような漢語的な表現にも用いられています。

市　市とは、多くの人が集まって売買を行なう場所を指します。

　　市は、現代台湾語では「Chi」と発音する単音の言葉であり、中国語では「Shi`」、英語では「City」か「Market」と表示します。この「Chi」、「Shi`」、「City」は、もともと語源は同じではないかと思われます。こうして見ると、和語の「Ichi（市）」という言葉の語源は、台湾語（呉語）の可能性が一番強そうに思えます。だとすると、縄文海進以降の日本は、周辺地域と盛んに貿易活動を行っていたと言うことをも同時に意味するのです。

和語に取り入れられた「Chi」も、単音の言葉では日本語として不安定です。そこで人々は、既存単語の「イ（五十）」という造語成分を付け加えて、「イチ（市）」という新語が誕生させたのでしょう。和語の「イ（五十）」は、数が多いことを意味しますし、行商が盛んに行なわれている「市」のイメージに相応しい造語に思えたことでしょう。

　これら、コメの「コ」、クリの「ク」、イチの「イ」の造語成分（語素）は、接語の「メ（米）」、「リ（栗）」、「チ（市）」より早期に日本列島に伝来したと推定され、和語グループⅠに属するとした方が順当です。これらの造語成分が、後に伝来した、元は呉音の「Mai（米）」、漢音の「Li`（栗）」、台湾語の「Chi（市）」と結合して、全く新しい形態の和語になりました。すなわち、既存語（視覚的要素）と外来語（聴覚的要素）との結合形態というわけです。これらは、グループⅠ＆Ⅱの言葉の生成原理とは異なっているため、和語グループⅢと名付けたというわけです。

例②：「文法要素」の関連による。
　　台湾語の「Wu（有）」、「Vu/Veo（無）」…など。

　日本語研究の分野では、今日でも動詞の接尾辞（あるいは語尾）の由来についてはまだ明確になっていません。動詞の「会う」、「行く」、「刺す」、「立つ」、「死ぬ」、「買ふ」、「読む」、「凍ゆ」、「売る」など、単語の構成要素になっている接尾辞「〜う」、「〜く」、「〜す」…の類いのことです。これらは、その由来がまったくはっきりしていません。

　日本人は通常、これらの接尾辞を、動作を主導するそれぞれの語幹と自然に結び付き、何の関わりもないはずだ、と思い込んでいるでしょう。けれども、なぜ「会く」、「刺う」と言わずに、

「会う」、「刺す」と言った方が自然なのでしょうか？

このことを、一律に慣わしだとか、自然の法則だとか言ってしまうのは、あまりにも無謀です。実は、和語の動詞の接尾辞は、驚くほどきちんと、特定の意味が込められているのです。

次に、接尾辞の意味と語源由来を、それぞれにまとめて見ました。もしこの見方が妥当だと認められれば、和語グループⅢ全体の検証にも使えることになります。

・「う」：明確・正面的・積極的・ポジティブ。
　　　　語源由来：台湾語の「Wu（有）」からか？
　　　　語　例：会う、追う、食う、請う、吸う、問う、縫う…
　　　　など。
・「く」：事・事件・事実・結果。
　　　　語源由来：ウイグル語の「Köz（目）」からか？
　　　　語　例：飽く、行く、浮く、置く、書く、聞く、向く…
　　　　など。
・「す」：動作・行動・挙措・所作。
　　　　語源由来：バスク語の「Su（火）」からか？
　　　　語　例：する、押す、超す、刺す、足す、成す、蒸す…
　　　　など。
・「つ」：停止・目標・達成・完了。
　　　　語源由来：中国語の「Zhi（止）」からか？
　　　　語　例：打つ、勝つ、立つ、待つ、満つ、持つ…など。
・「ぬ」：禁止・打ち消し・断絶・破滅。
　　　　語源由来：印欧語の「Ne=Nil（無、平静）」からか？
　　　　語　例：寝ぬ、往ぬ、死ぬ。
・「ふ」：反復・継続・豊か・潤う。
　　　　語源由来：中国語の「Fu′（[胡＋鳥]＝鶘）」からか？
　　　　語　例：言ふ、負ふ、買ふ、語らふ、住まふ、降る…

など。

・「**む**」：否定・不本意・消極的・ネガティブ。
　　　　語源由来：台湾語の「Vu/Veo（無）」からか？
　　　　語　例：編む、忌む、埋む、噛む、組む、済む、憎む…
　　　　など。

・「**ゆ**」：原因・手段・可能・自発・受身。
　　　　語源由来：中国語の「You（由）」からか？
　　　　語　例：癒ゆ、老ゆ、消ゆ、凍ゆ、絶ゆ、萎ゆ、燃ゆ…
　　　　など。

・「**る**」：完成・存在・自発・本能・実現。
　　　　語源由来：中国語の「Le/Liao（了－完了）」からか？
　　　　語　例：ある、いる、売る、得る、織る、見る、食べ
　　　　る…など。

例③：「**和語の内的再構**」による。
　　　和語グループⅠ或いはⅡの既成語のブロードバンド化。

　グループⅠの「Pi（火）」からグループⅡの「Pi（桧）」に発展し、更にグループⅢの「Hinoki（桧＝ヒノキ、火の木）」に展開するには、意味が二つあります。一つは単音の「Pi（桧）」と「Pi（火）」の区別を付けること。もう一つは、「木」の造語成分を付け加えたことで、それが植物を指すことを、言葉通り伝えるということです。

5. 日本語の形成過程

論より証拠

　ここまで、和語グループⅠからグループⅡ又はⅢへの形成過程を証明するものとして、特にこれこそ絶対だ！というような、具体的な実例をまだ提出できていません。けれども、次に挙げる語例を見ていただければ、ここまで論じてきた和語の、構造上の現象は、学術的に評価されるに値する、信憑性の高い理論と確定できるのではないかと思います。

・言葉の形成過程

和語グループⅠ以前	和語グループⅠ	和語グループⅡ	和語グループⅢ
Langshi(狼屎)*注	Noroshi(狼煙)	Nogashi(逃し)	Sagashi(探し)

　のろし(狼煙/烽火)とは、昔、中国で軍事目的として用いられた通信手段の一つです。その歴史がどのくらい長いものなのかはわかりませんが、有名なエピソードがあります。

　西暦前770年頃、西周の最後の王だった幽は、寵愛した絶世の美女・褒姒を笑わせるため、外敵が襲って来てもいないのに、狼煙台にのろしを上げさせました。しかもそれを度々やったため、本当に有事の時、誰も信じず助けにも来ませんでした。それがもとで、幽王を最後に西周は滅ぼされてしまったと言います。

　このエピソードが生まれた西周の時代は、日本ではちょうど縄文期の終わり頃に当たります。その頃日本では、既に日本海を取り巻く諸国との交流が盛んに行なわれていたのでしょう。当然「のろし」が軍事目的に使われることや、燃料が「狼屎(ろうし)/狼の糞」だということも、当然知っていたと思われます。そこで当時の日本人

（か、あるいは渡来人）は、その通信テクニックと一緒に「Noroshi」という言葉も取り入れたに違いありません。

　一方、有事を示す信号である狼煙の煙を見たら、一刻も速く逃がした方が賢明です。それが、後の「Nogashi（逃し）」という新しい言葉の誕生に繋がったと思われます。そこから更に、逃げた敵を探し出さなければならないことから、「Sagashi（探し）」という新しい言葉が発明されたのでしょう。

　さて、中国語の「Langshi（狼屎）」から始まって、和語の「Noroshi（狼煙）」、更に「Nogashi（逃し）」と「Sagashi（探し）」までの発展過程に何が起ったのか、ということに関しては、次の1冊の本に注目しましょう。

　それは、高島俊男氏（東大卒、中国語学・中国文学専攻）が発表した『漢字と日本人』（文春新書）という本です。氏はその中で、日本人が古来から「〜ng」結尾の外来語音をどのように処置したかについて、実例を挙げながら説明しています。例えば、英語の Spring は「スプリング」の「グ」音になりますし、漢語の用（Yong）は「ヨウ」の「ウ」音に、鈴（Ling）は「レイ」の「イ」音か、或いは「リン」の「ン」音として処理されていると言います。また、奈良時代よりもっと前では、「〜ng」の後に母音をつけて、例えば相（Sang）は「Sanga」とし、その読みは鼻濁音の「サガ」とすると言うのです。「いまの神奈川県のあたりのことを『相模』サガミと言う、そのサガですね」などと氏は言っています。

　さて、音韻対応の法則によれば、「のろし」が、中国語の「Langshi（狼屎）」から音写した聴覚型言語の和語グループⅠに該当するとすれば、「のがし（逃し）」は「のろし」又は「Langshi（狼屎）」からの、音韻変化の産物ですし、意味上では視覚型の要素が含まれるため、和語グループⅡに所属させるべきものです。

　となれば、「さがし（探し）」という言葉は、何を由来とするべきなのでしょうか？

これは、次章の「縄文の生業─狩猟編」を参照すれば、答えが出てきます。そこに「先」と「後」の言語発展のストーリーを述べていますし、「さ(矢)」と「の(篦)」の造語成分の働きにも触れています。

　「のがし(逃し)」という言葉が作られてから時間が立つにつれ由来が薄れ、そうなると、語頭に立つ「の」は「の(篦)」から発展したという誤解が生じます。そしてそれが原因で、「の(篦)」の対照語に当たる「さ(矢)」を、既存語の「の・がし(逃し)」と結びつけ、「さ・がし(探し)」という言葉が出来たというわけです。この「さがし(探し)」という言葉は、「のがし(逃し)」という言葉がなければ、生まれてこなかったはずで、グループⅡの語群をデータ活用した事による造語と言えます。和語グループⅢに属する言葉と言えるでしょう。

・その他の実例
　　和語グループⅠ以前　……→和語グループⅠ
　　Xing(中国語の「性」)　　Sanga(性)─性質、持ち前、慣わし。
　　Zeng(中国の姓「曽」)　　Songa(曽我/蘇我)─姓氏の一。
　　Long(英語の「ロング」)　Nanga(長/永)─「長い」の語幹。
　　Yang(中国語の「羊」)　　Yangi(山羊)─ヤギ。

＊注：本編に挙げた中国語の「Langshi(狼屎)」「Xing(性)」「Zeng(曽)」などは現代北京語の発音であり、その昔に伝えられた言葉は、当時の発音によるものだったはずです。例に挙げた「Langshi」と「Long」は、学説によると「ラ行音や濁音は原則として語頭に来ない」と述べ、飛鳥・奈良時代の音韻変化の規則に従って、先人達は、語頭にある「L音」を発音の近い「N音」に取り替えさせました。

OV 型か VO 型か

　先に、日本語は文法上、「S（主語）＋O（目的語）＋V（動詞）」という語順を持つので、「SOV 型」の言語であると指摘しました。

　例えば、「私（主語）は学校（目的語）へ行く（動詞）。」という風に、主語が先に現れ、次が目的語、そして動詞が最後に付きます。これが、通常の日本語の語順です。

　一方、中国語は「我去學校。」といい、英語なら「I go to school.」と言います。どちらも「S（主語）＋V（動詞）＋O（目的語）」という語順になっていて、明らかに日本語とは文法上の語順が異なっています。けれどもこれは、あくまでも一つの句、あるいは一つの文で見た、文法構造なのです。言葉の最小単位である単語で見た場合は、どのようになっているのでしょうか。

　既に述べた「のろし」系の言葉を見て分かるように、言葉の生成原理は、「逃し」のような名詞形の言葉が先に作られ、それから「逃す」のような動詞形の言葉が作られるという順番になるはずです。また、和語グループⅠ以前の「Long」から、グループⅠの「長」、更に「長い」と発展した例を見ても、名詞形の語がまず先に現れ、次に形容詞形の語へ展開するというメカニズムになっているはずなのです。

　和語の動詞を調べ、その接尾辞について、いろいろと由来を推測してみましたが、分析すればするほど、それぞれの接尾辞は、元は各言語の名詞形の言葉に該当することがわかります。このことから人間達は、社会を形成し始めた初期段階では、名詞形の言葉を主に使い、それで日常のコミュニケーションを図っていただろうと思われるのです。それは、ちょうど幼児が、話し始めの最初は「ママ」「マンマ」「ぱー」など、1語言葉だけでなんとか意志を表そうとするのに似ています。それはやがて2語言葉になっていくのです。

　このことに加えて、単語の世界では一見名詞形の言葉であっても、

動詞の要素が含まれているものがあります。例として、漢語の中の「行」を挙げてみましょう。例えば、歩行、飛行、航行、履行、進行…などがあり、また、行為、行進、行李（こうり）、行人（ぎょうにん）、行脚（あんぎゃ）、行履（あんり）…などもあります。これらの実例を見て、その中の２字ともが動詞だと主張する人がいるかもしれませんが、ここでは次のようにまとめておきたいと思います。

　すなわち、「行」が、前置・後置の関係で、動詞語形にも目的語形にもなる、ということです。

・「V」O型：行為、行進、行李、行人、行脚、行履…など。
・V「O」型：歩行、飛行、航行、履行、進行…など。

　和語の世界にも、このような言語現象はあるのでしょうか。次の言葉の実例を見ていただければ、その答えは明白です。

・OV型：蛙（蚊＋獲る）、蛍（火＋たる）、蛾（火＋入る）、叫ぶ（酒＋ぶ）、笑う（藁＋う）、嫁ぐ（戸＋継ぐ）、娶る（女＋取る）…など。
・VO型：犬（寝＋奴）、猫（寝＋子）、露（吊＋湯）、罪（吊＋身）、杖（突＋枝）、漆（売る＋し）、果物（下＋物）…など。

　このように、和語の単語にはOV型もあればVO型もあります。この現象は、一体何を意味するのでしょうか。一つの言語の由来を、単に文法上の語順だけで決め付けることはできませんし、他言語との結び付きについても、簡単に決め付けてはならないと思います。ですから日本語を、文法上の語順だけで、北方系のウラル・アルタイ語に関連付けて、日本人の祖先がウラル・アルタイ語族から分かれた一族だと結論付けてしまうのは、あまりに短絡的過ぎるかもしれません。

学ぶと習う

学ぶ 言語学者は、ほぼ例外なしに、漢語の導入・浸透が、和語衰退の主な原因だと言います。けれども、その根拠が何なのか、今一つよくわかりません。

　これは、なかなか面白く興味深いテーマです。僕自身は、漢字が日本に伝えられ、仮名が普及するまでの間、つまり平安時代の末期頃までは、和語の創出はそれほど衰退していなかった、と見ているからです。その証拠は、次の和語に隠されています。

　・学ぶ：まな(真名)＋ぶ

「真名」とは、「仮名」に対する正式文字という意味です。

　当時の知識人は、中国からの漢字を、まことの文字として真摯に受け止め、逆に、自国で発明した仮名を軽視する傾向がありました。だからこそ「真名を学べ」というスローガンさえ出て来て、当時の世相を反映したのかもしれないのです。実際に、平安前期の学者で、後世は学問の神様として奉られた菅原道真と、『土左日記』の作者で歌人の紀貫之との間で、漢字とひらがなの使用を巡って激しい論争がありました。

　真名は、日本人にとって真実の文字であり、仮名は漢字(真名)に基づいて作られた「かりな→かんな→かな」、すなわち仮の文字だったのです。知識人なら、まずは真名を学ぼうという社会運動の下で、「Manabu」という和語が誕生したのだろうことは、容易に想像できます。

　「学ぶ」は、今では「勉強する、知識を求める」という、広義の意味を持っていますが、昔は単に漢字を勉強するという意味しか持たなかったのではないでしょうか。そのことは、『古事記』や『万葉集』など、当時としては最も大切な記録を著すのに、仮名を排除

して漢字(真名)のみを使おうという方針があったことを物語っています。

　おそらく「真名」は、文章を書く時に使用される文語体としての存在であり、一般会話でのやりとりは、話し言葉(一般和語)の方が自然です。「マナブ」という言葉の出現は、あたかもそういう書き言葉、話し言葉という二極分化の時代の、口語体和語だと言えるかもしれません。

　ところで、文字の世界では、万葉仮名を極端に草書化したものが、すでに奈良時代の正倉院文書にいくつか見られています。これは、懸命にお手本を見ながら漢字を書いていた当時の日本人が、すっかり上手になって、お手本抜きで自由に文字を書く境地に達し、結局はそれが、仮名の発明に繋がったということでしょう。

　中国から伝えられた「真名」を手本に「まね」をし、さらに元の字形をくずして作った「真に似せた」文字を「仮名」と称しました。その創作の過程は、単に「真似ぶ」こととは言えないように思います。「仮名」は、やはり独創性や芸術性の高い「造字」だと言っていいのではないでしょうか。

- 漢字(真名)…→万葉仮名/真仮名(男手)→草仮名(草書体)
　　　　　　　→ひらがな(女手)
- 漢字(真名)…→万葉仮名/真仮名(男手)→簡略化(不完全体)
　　　　　　　→カタカナ

習う　中国の史書である、『三国志』の「魏書・巻三十東夷伝」倭人の条(日本では通称「魏志倭人伝」と言います)に史料として、「倭人は帯方の東南大海の中にあり、山島に依りて国邑をなす。旧は百余国、漢の時に朝見する者あり、今、使訳の通ずる所は三十国。…投馬国から邪馬台国は、水行すれば十日、陸行すれば一月、女王の都に至る。…倭に共立された女王がいて、その名は卑弥呼という。

…」などと記されています。

　魏書は、三世紀頃の中国の歴史書であり、その倭人の条は、当時の日本の政治・風俗・社会などを知りうる最古の文献として、歴史的に重要な位置を占めています。

　ただし意外にも、この書物があるために、「邪馬台国(耶馬台国)」の位置について、九州北部説と畿内大和説などが、大きな論争の焦点となってきたのです。

　ここでは、語学の立場から、討論のもう一つの選択肢を提案してみましょう。

・習う：なら(奈良)＋う

　当時日本の政治の中心だった奈良周辺は、官庁が置かれ貴族も集結する繁栄の土地でした。「奈良う」或いは「奈良ふ」という和語は、ひょっとすると魏志倭人伝にある「旧は百余国、…今は三十国」の学習対象とされるスローガン的な用語だったのかもしれません。また、「習わし/慣わし」という言葉も、おそらく奈良のしきたりのことを指したのでしょうし、「並ぶ」は、奈良並みの水準に達することを言った言葉だったでしょう。

　従って、「邪馬台国論争」を収めるには、本題の「ナラフ」という和語が、最初に現れた年代を追跡することこそが、決め手となるかもしれないのです。

・習わし／慣わし：なら(奈良)＋うし(大人)　＊注
・並ぶ：なら(奈良)＋ぶ(状態)

＊注：なら＋うし＝Nara-ushi　→　Nara-washi(音韻交替)。
　　　うし(大人)とは上代語で、貴人や土地を領する人に対する敬称。

第五章　言葉から見た縄文

1. 昆虫食

人類の食生活

　太古の昔から、人類は、氷河期、大洪水、干ばつなどの自然災害に幾度も出遭い、飢えの日々を忍んできました。何度も襲う悪環境の中で、人類は農耕よりも先に、採集・狩猟の生活をしていたというのが、現代の定説です。採集とは、野生の木の実や野菜類、貝などを採って食べていたことを指しますし、また、狩猟とは、文字通り狩りのことで、山野の鳥・獣、そして魚を捕らえて食べていたことを指します。

　「採集」は静止状態のものを採るのですが、「狩猟」は、運動状態の獲物を獲ります。両者には大きな違いがあるということは、おわかりいただけるでしょう。普段我々が見ているテレビでは、動物ものの番組で、虎やチーターでさえ野生の兎を捕り損なうことがしばしばあることを紹介しています。いくら人類が霊長類のトップに立っていたとしても、野生の鳥や獣、魚を捕ることは、決して簡単なことではありません。

　そのために人類は、食料確保が不安定極まりない採集・狩猟の生活から、農耕・牧畜の定住した生活へ移行しようと努めたというわけです。

昆虫食の真相

　「昆虫食」と聞いて、拒絶反応を示す人は、多いと思います。けれども、かつて人類は、当たり前のように昆虫を食べていたことは、

否定できないようなのです。

　狩猟技術があまり発達していなかった段階では、人類は主に、採集生活を営んでいたはずです。日々生き抜いていくため、そして種の繁栄を図るために、いろいろな食物源を確保することは、最も大切な課題であるはずです。何をするにも重労働であった太古の人間が必要とした一日のカロリー摂取量は、木の実や野菜類などの植物性栄養源だけでは、とても足りなかったのではないか、と思います。

　鳥や獣を捕らえるには、高度な狩猟技術が求められます。それに比べると昆虫は、「採集活動」の枠組み内の作業なのですから、いくら運動状態の生き物だといっても、割と捕らえやすいと言えるのではないでしょうか。その上、人間に必要な動物性蛋白質やミネラルなどの成分も豊富に含まれています。植物性食物だけでは確実に不足する栄養分を補足することができるのです。

　世界中には、未だに「昆虫食」のしきたりを残しているところがあります。日本でも、たとえば長野県の伊那谷地区を中心に残っている、ざざ虫や蜂の子の料理などが、古くから地元の珍味として有名です。

昆虫食の証拠

　昆虫食についての研究は、今まで学術的に重要視された事は、あまりないようです。それは「かつて人間の食生活は、採取・狩猟・漁撈に頼っていた」という定説のもとで、「昆虫食に関する直接の物的証拠が乏しい」ことによるのかもしれません。確かに、考古学上の遺跡や遺物などからは、直接的な物的証拠を挙げるのは難しいでしょう。けれども、言語学上から見れば、太古の人間が「ムシ」を食べていたことは明らかなのです。

　他言語でも、同じアプローチで、意外な発見に至るかもしれませんが、ここでは、一番馴染みのある、日本語と英語両方を取り上げ

ながら「昆虫食」が実在していたことを証明してみようと思います。

検証Ⅰ——和語編

　「むし」とは、人・獣・鳥・魚・貝以外の動物の総称、すなわち、昆虫のことです。学術的には、節足動物門に属する動物で、体は頭・胸・腹の３部からなり、胸部には通常３対の足があります。幼虫から成体になるまで、蝶に代表されるように、非常に明らかな変態をします。これまで、世界中で約80万種が知られ、全動物の種類の４分の３を占めていると言われています。六足虫とも六脚虫とも言います。

・む　【六】：ろく。むつ。むっつ。
　　　　　　　「む(六)」←→「虫(六足)」の発想でしょうか。

・むし【虫】：六+し(虫の鳴き声)。
　　　　　　　つまり、六足で鳴く動物＝虫(むし)。

・むし【蒸】：蒸すこと。
　　　　　　　イノシシの調理法に「煎る」・「炒る」があるように、ムシ(虫)には「ムシ(蒸し)」という料理法もあるのではないか、と考えられます。ただ、かつての調理法は、必ずしも現代の「蒸す」方法と同じとは限りません。空蒸しとか、天日に干すなどの調理法が、これに当たる方法かもしれません。

・むくい【報い・酬い】：果報。報酬。
　　　　　　　①(虫を食べられることの幸運・果報)→虫＋食い＝報い(むくい)。

②（お礼やお世話に対するお返し）→虫＋食わせる＝
酬い（むくい）。

・むく【剥く】：外側に覆われているものを取り去る。はがす。
（下ごしらえ、虫の不要な部分を除く事）→虫＋く
（こと）＝剥く（むく）。

・むしる【毟る】：現代では「鳥の毛を毟る」・「魚などの身をほ
ぐす」の意味。
（毛などを除くため、虫に熱湯をかける）→虫＋しる
（汁）＝毟る（むしる）。

・むさぼる【貪る】：欲深くものを望む。よくばる。
「むさ」はむしの転、「ぼる」は掘るの音韻変化です。
もともとは、必死に虫を掘り出して、探し取ること
を意味した言葉だったのではないでしょうか。

・むしゃむしゃ：行儀悪く物を食べるさま。むさむさ。むずむず。
一口で何匹も虫を食っている状態、又はその様子を
指したものではないかと思われます。

・むかむか：吐き気がする様子。むかつくさま。
ムカデなどの毒虫による中毒現象→虫＋か（状態・
性質）＋で（原因）。

・むくろ【躯・骸】：からだ、身体。または死骸、なきがら。
（毒虫を食べて、または虫に刺されて死んだ死体）→
身（虫）＋黒＝躯（むくろ）。

・むす【噎す・咽す】：「噎せる」の古形。心が詰まる。悲しみに
　　　　　堪えない。
　　　　　「身（虫）」の動詞化→身（虫）＋す（尊敬）＝噎す・咽
　　　　　す（むす）。
　　　　　更に、「むかはり」＝身＋変わり＝一周忌のことを
　　　　　言います。

検証II──英語編

　和語と同じように、英語の世界も、言葉の意味やその生成音を吟
味すれば、意外な発見がたくさんあります。例えば「Boar」はイノ
シシのことですが、「Board」は板、食卓、食事などを意味します。
このことから、Board は Boar からの派生語だろうと推測できます。
その昔、彼らは、Boar を狩り、おそらく Board の上で解体したり
食べたりしていたのでしょう。ついでに和語の「イタ（板）」も「イ
（猪）」の影響を強く感じさせ、派生語の可能性を否定できません。
「板」には、板前・まな板の意味もあります。
　さて、英語から「昆虫食」の証拠を探してみましょう。

・Insect： 虫、昆虫。
　　　　　In は場所・位置・方向を指します。「…の中に/で/の」
　　　　　の意味です。Sect は宗派、党派の意。まさに和語の「群＝
　　　　　虫ら（複数）」にあたります。すなわち、ある特定の場所
　　　　　に群がる一族の動物を指します＝Insect。
　参　考：Sect は「シ」音で始まり、和語のムシも「シ」音が付き
　　　　　ます。加えて、英語は「In」、和語は「六」が語頭に来
　　　　　ています。英語は集まっている場所を、和語は体の形態
　　　　　を指し、両方とも「虫」のことを意味します。このこと
　　　　　によって、結論から言えばかつて英語も和語も「ムシ」

はもともと同源であり、「シ」音だけを持った単音共通語だった、と考えられます。他にも、和語の「静か」と英語の「Silent」なども、その同源系統語だと考えてよいでしょう。

・Fly　：①飛ぶ、逃げる。②蠅_{はえ}。③擬餌毛鉤_{ぎじけばり}、つまり魚釣りに使う水生昆虫の形に似せた釣具のこと。
　　　　上記の３通りの解釈は、全部昆虫のことと関わりがあります。

・Fry　：①油で炒める、フライする。②稚魚、小動物、子供たち。
　　　　すなわち、Fly（昆虫）をFry（フライ）する＝昆虫食の料理法。

・Worm：①虫（ミミズ、蛆_{うじ}、回虫など）。②…の幼虫。③寄生虫病。④コンピュータ・ワーム。

・Warm：①暖かい。②興奮する。③（狩りの遺臭が）生々しい。
　　　　Warm over：（料理などを）温め直す。または、焼き直す。
　　　　Warm　up：暖める/まる。または、食物を温め直す。
　　　　すなわち、Worm（虫）をWarm（ウォーム）する＝昆虫狩り又は昆虫食の料理法。

・Moth　：①蛾、シミ。②（衣服の）虫食い。③〔比喩〕誘惑のとりこ。
　　　　「Moth」はまさに、和語の「ムシ」という発音の通りです。

・Steam：蒸す。水蒸気。「Steam」はやはり「シ」音で始まる言

葉です。

このように、和語にも英語にも、かつては「昆虫食」だったという証拠が沢山あります。果たしてこれは、偶然なのでしょうか。

「虫が知らせる──『昆虫食』の文化は復活しそうむし！」

2.「エコノミック・バード」──鵜

観光目的になった「鵜」

　人類は、歴史上長きにわたって、エコノミカル（経済的）な目的で動物を利用してきました。

　犬と猫は、今でもペット以外の分野で活躍していますが、鵜という家禽は、もう既に歴史的な使命を終えて、見捨てられる危機に瀕しています。

　日本では、例えば長良川の鵜飼漁法が岐阜市の重要無形民俗文化財に指定され、保存されてきました。長良川の鵜飼は、野生の海鵜を飼い馴らして、鵜匠が約２〜３年間の訓練を施し、鮎などの魚を捕らせる漁法で、毎年内外からの観光客でにぎわっています。鵜匠は世襲制で引き継がれ、明治23年からは宮内省（今の宮内庁）に属し、正式には「宮内庁式部職鵜匠」という称号を持つ国家公務員なのです。

生業に励んだ「鵜」

　犬が狩猟犬・牧畜犬に、猫が鼠やゴキブリ捕りに使われていたように、鵜は、本来人間が漁労のために飼っていた鳥であり、その重

要性は決して犬と猫に劣ることはありませんでした。鵜は人間にとって生業に役立つ動物であり、暮らしを立てるための珍鳥ともいうべき家禽だったと思われます。

先にも述べた通り、鵜飼の歴史は長く、その発祥は定かではありません。鵜飼漁法は、現在でも中国の広西、湖南、雲南などで続けられていますが、紀元前には、インド、ベトナムをはじめ、世界各地に広く行われていたと見られています。出土した遺物からは、古代エジプトのレリーフ、南米ペルーの彩文土器、中国の成都にある後漢時代の墓室の石に彫られた壁画などに、鵜と思われる鳥が描かれていると言います。

日本では、「古事記」、「日本書紀」などの古書にもその記述が見られ、記録に残された最古の史料として、今から1,300年前、西暦702年(大宝2年)の戸籍に「鵜養部目都良売」の名が載せられているそうです。また、北海道から九州まで、入り江や湖沼近くに「鵜」の付く地名が80か所にも上り、かつては全国的に盛んだった漁法だということを窺わせます。

ただし、今ではこの漁法は主に観光目的のみになっており、岐阜(長良川)をはじめ、京都宇治(宇治川)、愛知犬山(木曽川)、四国大洲(肱川)、大分日田(三隈川)などで見られるだけになっています。

言語学の立場から見た「鵜」

鵜飼の歴史を言語学の立場から見れば、この漁法の歴史は決して1〜2,000年程度のものではないと思われます。それはおそらく、狼と山猫から家畜化された、犬と猫の歴史に匹敵するほどのものでしょう。今分布している鵜飼も、かつては野生の海鵜だったものが、家禽化されたもののはずです。

鵜の鳴き声は長く、よく聞けば「う〜/ふ〜」の音が聞き取れます。ですから、その鳴き声通りに名前が付いたのでしょう。すなわ

ち、和語グループⅠの言葉に属するものと言えます。けれども、その名の由来を探るのは困難です。ウェブ上で各国語の辞典を調べても、「鵜」に当たる言葉が殆ど出てこないからです。おそらく世界では、人間が歴史時代（文字記録）に入る前から、鵜飼漁法と共に、鵜という言葉を消失してしまったためでしょうか。

　それはともかく、鵜飼漁法の痕跡をとどめるものが、中国語と英語に残っています。中国語の「う」は２通りの書き、読みがあります。その一つは「鵜」と同じ漢字で、発音が［Ti′］であり、もう一つは「胡＋鳥」と書いて発音が［Fu′］というものです。この［Fu′］は、和語の「う（ふ）＝鵜」に近い発音です。また、英語では「大食家」を表す単語に「Glutton」（グラタン）という言葉があり、やはり「ぐ・う〜」の音を匂わせる感じがします。

和語に関する「鵜」

　なぜ日本で「鵜飼」の歴史が長いことがわかるかと言うと、語頭音に「う」の付く和語の多くが、「鵜」と関連しているからです。

・うお【魚】:　魚類の総称。さかな。
　　　　　　　魚を数える時には、匹（ヒキ）、尾（ビ）…という単位を用いますが、「び（尾）の訓読みは「お（尾）」です。また、この言葉は、しっぽのある動物を指します。
　　　　　　　魚の天敵、つまり「鵜」＋「尾」＝魚（うお）。
　　　　　　　「うお」は、和語グループⅡの指事型の言葉でもあります。

・うる【得る】:「得る」の古形、また「獲る」の意味もあります。
　　　　　　　つまり、鵜飼に魚を捕らせることです。
　　　　　　　鵜→「鵜」の動詞化＝う＋る（受身…れる）→得る

（うる）。

・うる【売る】：物売り、代金を受け取る行為。
　　　　　　　大昔、物々交換の時代には、獲た魚を他のものと交
　　　　　　　換していました。
　　　　　　　鵜→得る（獲た魚）→売る（うる）。

・うるう【潤】：潤うこと。豊かになる。ゆとりが出る。
　　　　　　　漁獲物を一旦売ってまた何かを得るということは、
　　　　　　　生活が豊かになることでした。
　　　　　　　鵜→得る→売る→（売る＋得）＝潤（うるう）。

・うく【浮く】：水面に現す/達する。
　　　　　　　鵜飼の鵜が魚を獲て、再び水面に戻ること。
　　　　　　　鵜→得る（魚を獲て）→（鵜＋来）＝浮く（うく）。

・うく【受く/請く】：受ける/請ける/承ける/享ける。受け取ること。
　　　　　　　鵜→得る→浮く→鵜匠が漁獲物を受く（うく）。

・うう【飢う/餓う/饑う】：飢えること。食べ物がなく空腹で苦し
　　　　　　　む。
　　　　　　　不漁のため魚が捕れない→鵜＋居（「ゐる」の古形－
　　　　　　　座る）。
　　　　　　　つまり、鵜飼が暇で居座っている状態を指します。

・うがう【嗽う/漱う】：うがいをする。くちすすぐ（漱ぐ）。
　　　　　　　昔は多分「鵜」をコントロールするための首仕掛け
　　　　　　　を指した言葉だと思われます。
　　　　　　　鵜＋かう【支う/交う】＝嗽う（うがう）。

参　考：中国、二十四史の一つ「隋書」列傳第四十六　東夷　倭國に「…
　　　　倭国以小環挂頸項、令入水捕魚、日得百余頭…」(…倭では鵜の首
　　　　に小さな輪をつけ、水に潜らせて魚を捕らせ、一日に百数尾も…)
　　　　と記されています。

・うごく【動く】：位置・方向を変える。運動する。
　　　　　　　　鵜が水中で魚を捕らえたり泳いだりして、競争しあ
　　　　　　　　うこと。
　　　　　　　　鵜＋ごく(上方方言－競争する)＝動く(うごく)。

「鵜」と「牛」

　ここに鵜と牛を並べた理由は、この２種の動物が日本語に対して
与えた影響を比較するためです。鵜は鳥類、牛は哺乳類、両者に何
の関係があるのか…と戸惑われるかもしれませんが、生物学的な見
地からではなく、人間生活の立場から見ると、「鵜」と「牛」は、
共に古くから人間に飼われてきた動物だということができます。鵜
は家禽、牛は家畜、両方とも現代では「う」音を持つ言葉です。
　「鵜」から派生した和語の数は、上述の通りかなり多い方で、「鵜」
が、歴史的に由緒ある動物だという証明になっています。一方、牛
は、恐らく農耕時代に入ってから日本に伝わってきた動物だと思わ
れ、生じた派生語の量も、わりに少ない方なのです。「うし(牛)」
は、和語グループⅢに属すべき言葉だと考えられます。

・うし【牛】：う(牛の鳴き声、南島語系)＋し【其/汝】＝牛(うし)。
　　　　　　※し【其/汝】：物や人を指す。それ。中称の指示代
　　　　　　名詞。

・うす【臼/碓】：穀物を精白する道具。

牛＋搖る＝臼（うす）

つまり、牛に臼を引かせて穀物を精白することです。

・うす【失す】：失う。なくなる。消える。

牛＋巣（よからぬ者が屯する所）＝失す（うす）。

牛＋なう（上代東国方言「…ない」の意）＝失う（うしなう）。

つまり、牛を盗まれて隠されている状況を指します。

「鵜の目鷹の目で、学問の蘊奥を究めよう！」

※　蘊奥とは、学問や技芸の奥義・極意を言います。

3．縄文の生業——狩猟編

生業に励む民

　日本列島に人間が移住してきたのは、現時点の研究調査によると、今から３〜４万年前以降、後期旧石器時代に入った頃、と考えられています。その頃の人々は、食糧事情の関係で移住生活を営んでいたと見られています。土器はまだ発明されていないし、生業に用いていた道具は、主に石器や骨器や木材からできたものです。

　縄文草創期に入ると土器が発明され、人々の食生活が変化するとともに、次第に定住型生活が始まっていきます。ただし、狩猟や採集の手段は、旧石器時代の人々のやり方とあまり変わらなかったと思われます。彼らはときには遠くまで獲物を追い掛け、数日も戻らない、といったことがあったでしょう。そんな時には、別グループの人々と接触し、日常生活のいろいろな経験についてコミュニケーションを取り、様々な情報を交換し合ったりするチャンスが少なか

らずあったに違いありません。それが言葉の流通に繋がり、和語ができあがっていく土台を築いていきました。

生業に関する言葉

　旧石器時代から縄文時代にかけて、生業の中で出来てきた和語の数は、莫大なものになるはずです。その中には、先人の知恵が凝縮されて今もなお、その経験を生かしながら活躍している「言い伝え（言葉）」もあると思います。
　言語というものは、単に人間同士のコミュニケーションツールとしてだけではなく、記録や情報伝達という側面を持ち、中には先人の知恵や道理が、定律的に集約されているものが多くあります。

狩猟・採集用語

和語グループⅠ（渡来和語）

・や【矢】：上代語は「さ」とも言います。
　矢は、「Sa」とも「Ya」とも発音されます。尖頭器類の狩猟具を投げる時に、自然に人が発する声からヒントを得て作られた言葉なのでしょう。すなわち、標準的な音写言語（表音言語）の性質を持つ「和語グループⅠ」に属する「聴覚型言語」です。
　ちなみに、英語の「Arrow（矢）」が「や」音を感じさせたり、中国語の「Shi（矢）」や「Shal（殺）」は「さ」音を感じさせたりすることと同じように、これら現代語の意味と発音が似ていることから、古くは同源語ではないかと思われます。

和語グループⅡ（和製和語） 以下は「さ（矢）」からの派生語や複合語

・さき【先】：物の先端。先頭。

矢＋木＝先(さき)。つまり、「矢じりに木を接ぐ」ことによる発想。

反対語：先(さき)⟷後(のち)　※の(篦)＋ち＝後(のち)。

ちなみに、『の』は「篦(ヘイ・へら　矢柄のこと)」であり、また、後続する名詞の所有・所属などの関係を表す格助詞でもあります。一方『ち』は、「こち」や「あち」など、方角や場所を示す指示代名詞ですから、『のち』は、元々は「矢のち(後部)」を意味した言葉だったのではないかと思われるのです。

　この、「先」と「後」の言語発展のストーリーもまた非常に興味深いものです。

　話の舞台は超古代のある日のことです。石鏃(石で作った矢じりのこと)を作った者が、ごく自然にそれを木に接ぎ、立派な一本の投げやりにして置きました。そしてそれを彼らは、「矢と木」を接いだ物だから「SaKi」と名付けます。けれどもその後、民族の移動や何かの原因で「SaKi」の意味が次第に縮小し、物の先端の部分を指すような限定的な意味を表す言葉になりました。すなわち、「鏃」その突き刺さる部分を指すようになったのです。その一方で、本来なら投げやり全体を表していた「SaKi」という言葉は、いつの間にか簡略形に戻され、ヒトが発する肉声の「Sa(矢)」だけで成り立つ単純語になったのです。

　日本列島に住み着いてから長い時を経た後、こういう言語発展を知らなかった「SaKi族」の子孫達は、ヤリの柄の部分を「SaのTi(古代ではTsaのTsiかも)」と呼びました。おそらく、柄の部分が折れたりして補修が必要になり、仲間同士で矢の後ろの部分について会話を交わす必要が生じたのでしょう。後に、この「のTi」は「SaKi」と対義語の関係になり、時間や空間の前後関係を表すような、広義的な意味合いの言葉に発展していきました。

　更に、「矢木」或いは「先」から、割き、裂き、崎、岬、咲き…

などの類義語ができていきます。「後」に関しては、「後ほど」などの複合語はありますが、「割き、崎、咲き…」などのような類義語はありません。このことから、「SaKi」から「NoTi」まで、造語に要した時間的な差は、数千年ないし数万年ほどもあるかもしれないのです。

　さて、「矢木」はそもそも「矢」全体を意味していましたし、その単語構成音の「Sa(矢)」と「Ki(木)」は、両方とも和語グループⅠに属するものです。ですから、「矢木」も和語グループⅠに属する言葉だろうと思われるかもしれませんが、残念ながら「矢木」は既に死語になってしまっているため、和語には属さないのです。その上、現役の「先」は、死語になってしまった「矢木」とは意味が違う言葉なので、「先」は完全に日本で生まれた言葉、すなわち和語グループⅡと考えられます。

・さす【刺す】：突き入れる。突き刺す。
名詞「矢」の動詞化→さ＋す(行為)＝刺す(さす)。

　日本料理に「刺身」の略として、「刺し」という言葉が使われています。「馬刺し」とか「いか刺し」などはその用例です。このことから、「刺身料理」は、古くから伝わる日本の伝統的な食文化の一つだということが分かります。

・さか【鶏冠】：鶏や雉などの頭部に付いている肉質の冠状物。とさか。
矢＋飼う＝さ＋(かう－う)＝鶏冠(さか)。

　狩りで獲た獲物を一時的に飼ってみたことから来た言葉。それを食用にしようとするつもりではなくて、むしろ娯楽・観覧のためでした。

　ちなみに、世界でも日本でも、闘鶏の歴史は古くから伝わる民俗文化です。従って、闘鶏の芸から生じた派生語も東西に多く存

在しています。

- さかう【逆う】：手向かう。歯向かう。
   つまり、闘鶏の激闘場面。
- さかう【境う】：区切る。境界をつける。
   つまり、闘鶏場の境。
- **サーカス【Circus】**：昔、ローマの円形競技場。曲馬団。
- **サークル【Circle 】**：円。円周。同好会。サークル活動。
- **さかし【賢し】**：勇ましい。丈夫だ。
   つまり、健闘な闘鶏のこと。
- **さかす【栄す】**：興を催す。
   つまり、闘鶏を興行すること。

・さかる【盛る】：勢いが強くなる。夢中になる。
<u>矢＋狩る＝盛る（さかる）</u>。
つまり、獲物を夢中で追い掛ける様子。

・さかる【離る】：遠ざかる。遠く離れる。
<u>矢＋駆る＝離る（さかる）</u>。
つまり、獲物を追い回して、遠く離れること。
　また、「はなす（離す）」とか「はなれる（離れる）」とかの同義
語も、昔は、遠くへ狩りに出掛けたことを意味する語かもしれま
せん。
　「離す（はなす）」は「<u>話す</u>（はなす）」と「<u>放す</u>（はなす）」の同
訓異字語があります。ここで解析してみますと、おそらく、当時
の猟師が狩りに出かけ、縄張りを侵したものか、出先で他の群の
人達に拘束されてしまいます。そこでその人達といろいろ<u>話し</u>合
い、ついに解放されて<u>放した</u>（放された）結果となったところから
生じた派生語ではないかと思わます。

- **さそう【誘う】**：一緒に行動するように進める。勧誘する。
  <u>矢＋添う＝誘う（さそう）</u>。
  つまり、共同で猟・漁に出掛けること。

- **さち【幸】**：獲物。獲物が豊富なこと。獲物を取る道具。幸福。
  <u>矢＋ち（個）＝幸（さち）</u>。
  山の幸、海の幸＝山や海から獲た獲物。

- **さづく【授づく】**：伝授する。伝え教える。
  <u>矢＋就く＝授く（さづく）</u>。
  つまり、矢の使い方、猟の技法を教わること。

- **さつひと【猟人】**：猟師。猟人（かりゅうど）。狩人。
  <u>矢＋つ＋人</u>＝<u>矢＋の＋人</u>＝猟人（さつひと）。
  「矢つ」の『つ』は「の」の意味。睫（まつげ＝目つ毛）の『つ』と同じ用法です。一方、「矢つ」からはまた、さつや（猟矢）、さつお（猟夫）、さつゆみ（猟弓）などの言葉があります。
  さつや（猟矢）の「さ」が、「矢」を意味する音でありながら、更に「さつや」という言葉が出来ました。「さつや」は、「矢の矢」という意味になりますが、これは言葉の意味を強調するつもりでも何でもありません。「猟矢」の宛字を見る限り、この言葉ができた時点で既に、「さ（矢）」という語幹を起源語として発展してきた和語グループⅡの派生語や複合語は、その由来が分からなくなっていたと解釈できるのです。
  また、この造語上の矛盾現象は、今日の日本語にもよく見られます。特に、外来語からの複合語によく現れています。たとえば、先に麺のメニューで挙げた「ヌードル麺」などがその一例です。

- **さと【里・郷】**：村落。人里。故郷。実家。郷里。田舎。

矢＋と（戸）＝里・郷（さと）。　つまり、猟で後にした故郷のこと。
　　また、「と（戸）」は「と（十）」と同義語の関係だと思われます。
縄文早期以前の村落の規模は「十戸」あたりが一つの単位と見て
よいでしょう。

・**さとる【悟る】**：知ること。会得。感づく。道理が分かる。
　矢＋取る＝悟る（さとる）。
　つまり、矢の扱い方を会得したり、一人前の猟師・漁師になった
りすることを意味した用語だったのではないでしょうか。
　　「悟る」からはまた、「さとい（聡い）」や「さとす（諭す）」とい
う言葉が出来ています。

・**さばく【捌く】**：調理に解体をする。処理する。道具を上手に扱
う。
　矢＋化く＝捌く（さばく）。
　つまり、獲た獲物を解体・処理すること。
　　「化く」とは「化ける」の意、つまり、本来の形を変えて別の
ものになるという意味です。

・**さぼす【曝す・乾す】**：日や風に当てて干す。晒して乾かす。
　矢＋干す＝曝す（さばす）。
　つまり、獲た肉や魚を乾燥して保存すること。

・**さま【様】**：物事の様子や状態。有様。やり方。方法。形式。
　矢＋ま（目・真・間）＝様（さま）。
　つまり、猟・漁の方法を確かめること。
　　また、「様」からは「覚ます」や「さまよう（彷徨う）」などの
派生語もあります。

132

・**さむ【寒む・冷む】**：熱がなくなる。冷たくなる。
　矢＋む(身)＝寒む(さむ)。
　つまり、矢に当たって死に掛けている様子。

・**さや【鞘】**：刀剣やヤリの身を納める筒。
　矢＋や(屋・家)＝鞘(さや)。
　つまり、矢の収納(集中)場所を指す。

・**さら【更・新】**：新しいこと。言うまでもない。
　矢＋ら(等)＝更・新(さら)。
　つまり、先に矢を射た猟師の矢が獲物に的中しなかったので、次の人が引き続き矢を射掛け、獲物を射止めることを言います。

・**さる【去る・避る】**：離れる。遠ざかる。避ける。よける。
　名詞「矢」の動詞化→さ＋る(自発)＝去る・避る(さる)。
　つまり、逃した獲物のこと。また、「猿」は「去る」という言葉から派生して出来たと思われます。

・**さわぐ【騒ぐ】**：多くの人が大声を上げる。うるさい声を立てる。
　矢＋沸く＝騒ぐ(さわぐ)。
　つまり、大猟・大漁に皆が沸き立つこと。

| 和語グループⅡ(和製和語) | 以下は「や(矢)」からの派生語や複合語

・**やく【焼く】**：燃やす。火に炙って調理をする。
　名詞「矢」の動詞化→や＋く(こと)＝焼く(やく)。
　　い(井)→い(猪)→いる(率る)→いる(射る)→いる(煎る)の言語発展の歴史と同じように、矢によって獲た獲物を、やり状の棒に通して、火で炙って調理する方法を古来から「やく(焼く)」と言

うのだと思われます。

　焼鳥などを見てもわかりますが、日本では串焼きの伝統が今もなお脈々と受け継がれています。この調理方法は、人類社会にかなり古くからあるものだということがわかります。

・やしなう【養う】：動物を飼う。養育。面倒を見る。慰める。
　矢＋撓う(しなう)＝養う(やしなう)。
　「鶏冠」という言葉と同じように、狩った動物を食用にしようとすることではなくて、逆にそれを飼育して可愛がり、観賞用にするのが目的です。
　ちなみに、「しなう(撓う)」は、逆らわず、順応、しなやかで美しい様子などの意味があります。この「撓う」という言葉は、おそらく名詞の「品」を動詞化した語だと思われます。すなわち、贈呈品に相当する品物、格の高いもの、というような意味を指したのでしょう。

　品＋う＝撓う(しなう)。
　つまり、飼っていた動物を贈り物にすること。

　実際に、歴史上の記録では、西暦597〜599年当時の日本には、新羅や百済から、鵲(カササギ)、孔雀(クジャク)、白鹿、駱駝(ラクダ)などの動物が贈られた記録が残っています。

・やつ【奴】：動物に対する卑語。卑称。「こと」「もの」の俗な言い方。
　矢＋つ＝や＋の＝奴(やつ)。　つまり、獲物に対する卑称のこと。

・やとう【雇う】：利用する。借用する。
　矢＋問う＝雇う(やとう)。

つまり、狩猟・漁労の技法を問うこと。

・**やな【簗】**：漁撈の仕掛けの一種。

　矢＋な（魚）＝簗（やな）。

　　やり状の竹や木の杭を川の瀬に打ち、水をせき止めて一ヵ所だけをあけ、そこに簀を張って、流れてくる魚を受けて捕る漁法を指します。

・**やなぎ【柳】**：柳の木。楊柳。

　矢＋な＋木＝矢＋の＋木＝柳（やなぎ）。

　　矢柄に用いたり、或いは先の尖ったものをヤリにしたりすること。それに良く使われた植物が名前の由来になったと思われます。昔は柳の木がたくさん自生していたのでしょうか。

・**やはぎ【矢作・矢矧】**：矢を作ること。矢師。

　矢＋はぎ（矧ぎ）＝矢作・矢矧（やはぎ）。

　　矧ぐ：竹に鏃や羽を付けて、弓矢を作ること。

　日本には、大化の改新より前の時代から、矢作部・矢矧部（やはぎべ）という職業クラスがありました。その名残か、今も「やはぎ」という名字が残っています。

・**やぶる【破る】**：傷つける。壊す。裂く。負かす。記録を更新する。

　矢＋振る（ぶる）＝破る（やぶる）。

　つまり、狩猟場の色々な出来事を描く。

・**やま【山】**：地形の高い所。高山。

　矢＋ま（間）＝山（やま）。　つまり、狩猟にふさわしい場所を言う。

　　ちなみに、山芋、山うど、山葵（わさび）、山兎、山羊（ヤギ）、

山女（やまめ）…など「山」の字が付いた多くの動植物が存在する「ヤマ」は、山の幸も豊富にあり、採集や狩猟に絶好の土地と言えるでしょう。

ただし、「矢の間」つまり「採集や狩猟に相応しい空間」という意味から考えて見ると、縄文もしくはそれ以前の時代の人々が採集や狩猟に駆け回った「ヤマ」は、今の我々が考える「山」とは、必ずしも同じイメージのものではないかもしれません。野原や林、森なども指していたかも。

・やる【遣る】：遠くへ移動させる。ある目的で先方へ行かせる。
名詞「矢」の動詞化→や＋る（自発）＝遣る（やる）。

猟で遠くへ出掛けること。「さかる（離る）」と同じ意味の表現です。また動詞の「やる」から名詞の「ヤリ・槍」という言葉が出来たと思われます。

現代では、会社が社員をどこかへ派遣するような場合に、「…（誰々）を海外にやった」などというような言葉遣いをします。これは、古代のハンター精神と同じようで、現代企業のエリア拡張に相応しい意思表示の言葉であると、つい思ってしまいます。

まさに、和語の今昔に、一脈相通ずるところがあると言えるでしょう。

古語の「さ（矢）」は、これを語幹にして、語頭に「さ」音の付く関連語を生み出してきましたが、その一方で「や（矢）」は、「屋・家」や「八」などの同訓語があるために、関連して派生した言葉が少なく、「さ（矢）」の数ではありません。このことから考えると、「さ（矢）」は「や（矢）」よりも歴史的に古い言葉だったと思われます。

「さあ、『然（さ）』様然らば、『矢（や）』も盾も堪らずや！」

4．縄文の生業——土器編

世界最古の文明

　これまでの歴史書では、エジプト、メソポタミア、インダス、黄河流域を世界の四大文明と定義し、これらの地域を人類文明の発祥の地としてきました。この4つの地域は、それぞれ独自の文字体系を持っていたために、このような評価を受けることとなったのでしょう。

　文字を持たなかった縄文人は、世界最古の土器文化を生んだのですが、「世界古文明」のランクには入っていません。あたかも文字の有無こそが、人類文明の発達を判断する唯一の指標になっているかのようです。

　旧石器時代の不安定な移住生活を脱出したいという願いは、常に縄文人の頭の中にあったのでしょう。定住生活への最大の課題は、獲得した食物をいかに処理し、保存するかに尽きます。土器が発明される以前は、動物系の食物は、焼くか生（刺身）で食べていたでしょうし、植物系の食物なら、そのまま生で食べていたと思います。土器の発明によって、当時の人々の食生活は画期的に多様化し、食べ物を煮たり茹でたりできるようになっただけでなく、干したものを軟らかくすることも可能になりました。

　縄文人は、文字より先に、生活機器を獲得し、生活機能を向上したのです。

　そう考えると、縄文人こそが、人類初の定住生活文化を築いた民族だと言えるのです。

縄文文明の「曙」

　安定した定住生活が出来て初めて、文明が芽生え、花開くことが出来るのです。縄文土器の発明は、日本史にとどまらず世界史における一大事であり、これこそ、世界最古の人類文明として成り立つのではないかと思います。

　土器こそが、縄文文明の「曙」。

　ですので、ここではやはりそれに力を入れ、土器に関する和語の研究と分析によって縄文人の生活様式を探りながら、できるだけ縄文人と土器との触れ合いを広範囲に取り上げて行きたいと思います。それが、縄文古代文明の事実を明らかにする一つの方法だと思うからです。

　ところで、文字を持たなかった縄文人は、果たして、何か別の方法で彼らの貴重な経験や土器文化を、後世に残そうとしたのでしょうか。

　文字という偉大な発明に比肩する発明は、口承文化しかありません。例えば世界を見ますと、フィンランドの「カレワラ」やウェールズの「マビノギオン」（アーサー王伝説）など、世界各地に残る神話や民話などがあります。これらはみな、詩歌や物語として口伝えに伝承されてきたものです。けれども日本には、独自の「言葉曼陀羅式」の口承文化があるのです。

　この、日本の口承文化に対しては、あまり関心を持たれていなかったのか、今までの人類社会学の研究には、特筆すべきものが見当たりません。日本語だけにこのような独特な口承文化があるのか、それとも他の国にもあるのか、それは一体どのような文化背景を持つのか、すべては、今後の研究課題になっていくと思います。

縄文土器に関する和語

　これまで発見された世界最古の土器は、今から約13,000～10,000年前、縄文草創期のものと言われています。その時期の土器の文様は、大きく分けて、無文、隆起線文、爪形文、豆粒文の４つになります。これらの文様の施文には、装飾という以外に何かの意味を持たれているのでしょうか。

　また、土器を作る原材料の「土」には、何か謎が秘められていないでしょうか。焼成して出来上がった土器の用途は、果たしてどんなものだったのでしょうか。

陶土入門

・つち【土】：土壌。

　「土」の訓読みは「つち」の一通りですが、名乗りの場合には「つち・つつ・ただ・のり・はに・ひじ」などの使い分けがあります。

　更に、上記の「名乗り」では、次の意味の言葉にもなるのです。
- ・つつ【筒】：くだ。管。細長く中空の丸型容器。
- ・ただ【唯・只・直】：わずか。少数。無償。無料。直接。
- ・のり【糊・血・海苔】：粘り気のあるもの。
- ・はに【埴】：黄赤色の粘土。赤土。へな。埴土。
- ・ひじ【泥】：どろ。泥土。水分の高い土。

　土器製造の達人である縄文人は、土器の素材の土は一般的な土ではなくて、その性質と条件として粘り気（＝のり）の赤（＝はに）の泥（＝ひじ）、且つ少数（＝ただ）的な存在、焼成して筒（＝つつ）型のものになると既に認識していたと思われます。

・ひじ【日出】：ひじ（泥）と同訓、今でも日出焼きという陶芸があ
　ります。
　「日出」は地名であり、大分県北東部、別府湾北岸に位置します。
今では城下鰈の特産で有名ですが、昔は縄文早期の大集落があり、
発掘された早水台遺跡からは、無文土器と押型文土器が沢山見付かっ
ています。そこは、土器を作る土に恵まれた場所だったのです。

縄文工房

　次に、縄文土器の製造から完成まで、関連すると思われる和語を
集めてみましょう。
・つち【槌】：物を打ちたたく工具。
　　　　　　つまり、粘土を練る工程に用いる工具。
・つき【付】：付着する。
　　　　　　つまり、粘土紐の付け文様、隆起線文土器のこと。
・つめ【爪】：指先の角質の部分。
　　　　　　つまり、爪押し文様、爪形文土器のこと。
・つぶ【粒】：円ら。小粒。
　　　　　　つまり、粒々の付け文様、豆粒文土器のこと。
・つぼ【壷】：古くは「つほ」の清音。　土（つ）＋火（ほ）＝壷（つほ）
　　　　　　土が壷になるまでに、火焼きは欠かせない過程で
　　　　　　あることを示しています。また、その時期の「火」
　　　　　　は「Fo」音であったかと思います。

　これら、土、筒、槌、付、爪、粒、壷などの言葉の共通点は、語
頭に「つ」音が付くということです。このことから考えれば、これ
らの言葉の共通点が、単なる造語上の偶然の一致とは考えづらいの
ではないでしょうか。言葉の構成上の特徴を見る限り、全部土器と

140

関わりがあるかもしれず、そうすると「土」は、古くは「つ」音だけの単純語だったのではないか、と推測します。

このことは、以下に述べる多くの「土」や「土器（貯蔵・調理）」に関連する言葉を見ていただければ、なお一層、証明できるはずです。

例えば、つか（塚）、つくる（作る）、つた（＝壁すさ）、つつみ（堤＝土手）、つと（苞＝土地の産物）、つま（端＝妻壁）、つじ（辻＝十字路）、つくね（捏ね）、つむ（積む）、つめ（詰め）、つゆ（汁）、つる（鉉＝鍋などの取っ手）、つば（唾）、つどい（集い）……などです。

土器の使用

次に、土器の実用面から分析して、縄文人の土器の利用法を検証してみましょう。

- に【土】：つち。土。赤土。
  用例：土黒し＝土のように黒い、初土＝初めに掘る上層の土。
- に【丹】：丹色。赤い色。　　つまり、赤色の土、粘土。埴。
- に【煮】：煮ること。　つまり、土（に）→土器（調理用）→煮（に）。
- に【荷】：荷物。　　つまり、土（に）→土器（貯蔵用）→荷（に）。

- 「に」音の付く食物：
  うに（海胆）、かに（蟹）、そにどり（そに鳥＝カワセミの古名）、わに（鰐＝サメ類の古名）、にく（肉－漢語或はイヌイット語からの説もある）、にし（螺－巻貝）、にわとり（鶏）、にえ（贄・牲－神仏に捧げる供物）、にべ（ニベ科の近海魚）、にお（鳰－カイツブリの古名）、にら（韮－古代から野菜として栽培されてきた）、ゆに（湯煮）、ごったに（混雑煮）…など。

・「に」音の付く荷物：

うに（泥炭、石炭）、やに（脂、膠－樹脂）、にかわ（膠）、にきしね（和稲－もみをすり取った稲）、になう（担う＝荷＋なう「その行為」）…など。

その他

縄文土器は、これまで日本全土にわたって発掘されてきましたが、それは単一的なものではなく、発見された地方による地域差や、作られた時期による年代差などで、土器自体の形、刻まれた模様、色合いなどが、それぞれ変化しています。

実は、これら土器の変遷史は、そのまま和語の変遷史とも符合するのです。このことを知るには、日本文化に古来からある、独特な「名乗り」というしきたりを無視することはできません。

「名乗り」とは、日本人が名前に使用する漢字の訓読みのことです。例えば、「紀子、典子、法子、則子、憲子、徳子、範子……」と、それぞれ用いた漢字が違っていても、これらは全て「のりこ」と呼ぶことになっています。

ちなみに、先に「つち」そのものを言い表す言葉には、「つち・つつ・ただ・のり・はに・ひじ」などがある、と述べました。これらはおそらく、各地方でそれぞれ、土を意味する言葉として使われていたものだったのでしょう。それが、人々の活発な交流によって全国で通じる共通語「土（つち）」を日常的に使用するようになって、各地方の言い方「つつ・ただ・のり・はに・ひじ」などは死語になってしまわずに、土（つち）本来の意味を離れ、別の意味の言葉になってしまったものなのです。

このように、「土」と書いて別の読み方をする、というのも、同訓異字語とは逆の現象ではありますが、一種の「名乗り」と言えるでしょう。

昔、各地方でそれぞれに生まれた言葉の呼び方に、伝来してきた漢字の意味を考えながら宛字を付けたことが、このような二通りの「名乗り」現象を成立させた原因だと思われるのです。

　幸いにも、このような複雑な名乗りの言語現象がある程度今に受け継がれているため、和語の系統図をより正確に描くことができました。更に興味深いことに、「名乗り」のしきたりを踏まえて見れば、和語の同化と乖離の現象は、古くから常に起こっていることがわかります。

　これら「名乗り」のルールに沿って、縄文土器の「縄文」文様に一体何があるのか、考察してみることにしましょう。

・じょうもん【縄文】：　土器の表面に縄目の模様を施して作った文様。

・なわ【縄】：　古くは、おそらく７本の糸を撚り合わせて作ったものの総称だったと思われます。
七（な）＋輪（わ）＝縄（なわ）。
音　読：じょう　　訓　読：なわ
名乗り：なわ・ただ・のり・ なお ・ まさ ・つぐ・つな・つね。

・あや【文】：　模様。色合い。線が斜めに交わった模様。
音　読：ぶん・もん　　訓　読：あや・ふみ
名乗り：あや・ふみ・のり・ のぶ ・ よし ・ み ・ひさ・ゆき・あき・ や ・ やす ・いと・すじめ・とも・ふみし・ふん・ひとし。

　また、次の字訓読みでその「名乗り」を比べると、相似性の高い結果が得られることに驚かされます。

143

- 「土」の名乗り：つち・つつ・ただ・のり・はに・ひじ
- 「矢」の名乗り：ただ・なお・や・ただし・ちかう・ちこう
- 「考」の名乗り：たか・ただ・のり・よし・やす・ちか・とし・なか・なり
- 「芸」の名乗り：き・ぎ・すけ・のり・まさ・よし
- 「業」の名乗り：おき・かず・くに・なり・のり・のぶ・はじめ・ふさ
- 「孔」の名乗り：あな・うし・く・ただ・よし・みち
- 「身」の名乗り：これ・ただ・のぶ・よし・み・ちか・みる・む・もと

　これらの字訓は、縄文土器と何か関連があるのでしょうか。

　まず「土」は、土器の原材料ですから、疑いはありません。けれども、「矢」、「考」、「芸」…などは、どんな関係が、とちょっと首をかしげることになります。けれども、少し考えて見れば、昔の縄文人はおそらく「矢」などの刃物で土器に施文したと思いつきます。「考」は、その文様を考案すること、「芸」と「業」は、土器を作ること自体を一種の技、生業と見ることにつながり、「孔」は、有孔鍔付土器のことを指し、「身」は装身具土器のことを指したのでしょう。こう考えると、すべてぴったりと理由がついてくるではありませんか。

人類史を覆す

　このように様々な角度から土器に関する和語を分析してみると、それらの語彙が無作為で偶然に作られたものではなくて、高度な縄文文明の働き掛けがあったことが窺われるのです。

　土器の製作から完成までの情報を、関連する言葉に記していく。それは、先史時代にできた、独特な情報管理手段でした。語彙（音

声言語）自身がデータベースになっていて、それはもはや、文字による記録機能に劣らず、一種のユニークな口承伝達文化だと言えるでしょう。そこには、縄文人の知恵と努力が集積されており、これこそ人類史上最古の文明、と言っても過言ではないと思います。

「縄文文明全記録──土器のドキュメンタリー！」

5．縄文の生業──生活編

生業いろいろ

　日々、食物探しだけの生活に追い詰められていた岩宿の民とは違って、縄文人は土器を発明し、食生活を安定させました。当然、それに伴って人々の生活形態も大きく変わっていきます。余暇の時間が増えるでしょうし、それにつれてバラエティーに富んだ発想が溢れ、更に様々な新発明へと繋がっていったのでしょう。
　縄文時代は、10,000年以上も続きました。
　ということは、石器と土器以外の、暮らしに関する発明もたくさん考案されたはずです。それらの発明や創造などには「言葉」通り、正しく伝承されてきたものもあれば、誤解して伝わってきたものも少なくないのではないでしょうか。

縄文エピソードⅠ──「酒」

酒の伝説

　人類と酒は、古い歴史を持ちます。
　日本には、酒に関する昔話として、酒を造ったのは猿だという話

が残っています。これがいわゆる「猿酒」の由来であり、酒の誕生を語るエピソードにもなっています。

　この「猿酒」の伝説は、猿が木の穴などに貯めて置いた果実が自然に発酵し、酒のようなものになった、という話です。これが伝説か事実かわかりません。けれども、現実に昔から現代まで、酒の醸造や貯蔵に木槽や木樽が使われているのは事実であり、どうやら「酒」は「木」と関わりが深いものなのは確かだと言えるでしょう。

　・き【酒】：「さけ」の古名。
　　　　　　つまり、「き（木）」と同源でしょうか。

酒は嗜好品か

　「き（酒）」の発想からできた派生語を見てみますと、「サケ」は本来、飲み物目的で発明されたわけではなく、むしろ「治療薬」のために開発された薬剤の類いだったと思われます。言わば「酒は百薬の長」の諺の通りだったのです。

　・きく【効く】：　効果が現れる。薬が効く。
　　　　　　　　　つまり、酒（き）＋く（こと）＝効く（きく）。

酒は気違い水

　「治療薬」を目的で開発された酒でしたが、それをうっかり飲みすぎてしまう人がいて、乱暴したり、マナーが守れなくなったりすることも起こったでしょう。

　そこで、その光景を見た者が「さか」という新語を作り出しました。

・さか【酒】：「さけ」のこと。

つまり、既存語の[逆ふ(さかふ)－ふ]＝酒(さか)。

酒の豆知識

「さか(酒)」が「さか(鶏冠)」と同じ訓読みを持ったことで、混乱を避けるために、人々は「さか(鶏冠)」に「と」を付けて「とさか(鶏冠)」にしてみました。けれどもやはり、生活用語として混乱する場合があったため、結局「さか(酒)」は「さけ(酒)」に転じていきました。その後「さか(酒)」は主に複合語の語素になり、現代では名詞の上に付けて酒の意味を表しています。

・さけ【酒】：酒類・アルコールのこと。「さか(酒)」からの転訛。

つまり、酒(さか)→酒(さけ)。

酒の派生語と複合語

「さけ(酒)」として言葉が定着した後、その派生語や複合語も多く出来ました。

[派生語]
・さけぶ【叫ぶ】：大声を出す。

つまり、酒(さけ)＋ぶ(様子)＝叫ぶ(さけぶ)。
・さける【避ける】：逃れる。

つまり、酒(さけ)＋る(自発)＝避ける(さける)。
・さけかむ【醸む】：発酵させる。かもす。

つまり、酒(さけ)＋噛む(かむ)＝醸む(さけかむ)。

ちなみに、昔の酒造法は、雑穀類の原料を口で噛んで造っていたと言います。いわゆる「口噛み酒」は、古事記にも史料として記載されています。
例：「この御酒を醸みけむ人はその鼓臼に立てて……」

複合語
・さけよい【酒酔い】、さけどころ【酒所】、さけびたり【酒浸り】、さけくせ【酒癖】、さけずし【酒鮨】、さけかす【酒粕】…など。

縄文エピソードⅡ──「薬」

薬の正体

　「薬」という漢字の字面を見ると、草冠に楽しいと書きます。まさしく「草を服せば楽になる」というイメージそのものです。けれども和語の世界から見ると「くすり」は果たしてその通りの意味（もの）だったのでしょうか。前説のように「き（酒）」が薬剤の類いだったとすれば、正真正銘の「くすり」は、一体何だったのでしょう。
　現代の我々から見ると、縄文社会は不思議に満ちています。当時の出来事を現代的な価値観、考え方で判断すれば、間違いだらけになってしまうかもしれません。

　・くす【樟】：　くすのき。樟・楠のこと。
　　　　　　　　ちなみに、樟には「樟脳」の成分が含まれており、昔から殺虫剤や、防腐、防臭などの目的に利用されてきました。

つまり、樟（くす）→くす＋り（存続）→薬（くすり）。

薬は治療薬か

「クスノキ」を、縄文人は一体、どのように利用していたのでしょうか？　もし医療用としてでなければ、何に対して、どのような用途が考えられるのでしょうか？　更に、それをどのような方法で扱っていたのでしょうか？

・くすぶる【燻る】：　不完全燃焼の状態、煙ばかりが多く出る。
　　　　　　　　　　つまり、樟（くす）＋ぶる（様子）＝燻る（くすぶる）。

「くすぶる」という言葉を見れば分かるように、縄文人は、クスノキを薬草として煎じて飲んでいたわけではなく、むしろ虫除けの目的で利用していたと思われます。その利用法は、今の「蚊取り線香」とよく似た使い方をしていたはずです。

縄文遺跡の住居群には、近くに必ず、ゴミ捨て場と見られる貝塚が多く発見されます。ということは、当時、住居周辺の環境は、蚊や蠅などの昆虫もたくさん発生していたに違いないと思われるのです。となれば、縄文人は、クスノキやイブキを焚きながら、その煙で虫除けにしていたのだろうと推測できます。

・いぶき【伊吹】：　ヒノキ科の常緑喬木。
　　　　　　　　　つまり、伊吹（いぶき）→燻す（いぶす）。

語構成から見た「薬」

　文法構成から「樟＋り＝くすり」の語尾の『り』について解析してみましょう。

- **「り」**：四段活用動詞の已然形（上代では命令形）。サ変動詞の未然形に付き、完了することを表す助動詞。意味上では、動作や作用が完了し、その結果が存続していることを表します。…ている。…てある。
  つまり、樟→焚く→燻る状態→樟＋り（存続）＝（くせり）…→くすり

　この「くすり」の語尾の『り』は、元は助動詞だったのです。「樟をクスブレ！」の言い方に当たります。また、存続の意味もあるから、煙り続ける状態をも表します。ということは、昔、「クスリ」を表す言葉は、今の名詞の「薬」を指したものではなかったことになります。

縄文エピソードⅢ──「味噌」

手前味噌

　韓国ではキムチがそれぞれの家庭の味を象徴するように、かつて日本では、家庭ごとに独自の風味の味噌が造られていました。各地方の気候や風土、食習慣の違いなどによって、出来上がった味噌にはそれぞれの味があり、独特の個性があふれているものだったのです。それを自慢することが、自画自賛を意味する「手前味噌」という言葉の由縁でもあります。
　けれども現代は、主にメーカー生産の味噌が一般庶民の食卓を支

えています。実際のところ、北海道産から沖縄産まで、生産される銘柄は多種多様です。使用される発酵原料も、米・麦・豆の麹菌（こうじきん・きくきん）の違いによって、「米味噌」・「麦味噌」・「豆味噌」という分類があります。更に、同じ麹菌から造られたものでも、地域によって、味や色合いの具合から、赤味噌、白味噌、甘口、辛口、塩加減…など、数え切れないくらいの種類があります
　まさしく、味噌こそは、日本人の国民食と言っていいのではないでしょうか。

縄文ミソ

　国民食とも言える味噌ですが、その由来は、中国から伝わったものだという説があります。けれども、太古の「縄文ミソ」も中国からきたものなのでしょうか？　というより、縄文人は味噌を食べていたのでしょうか、もし食べていたとして、その「縄文ミソ」は、現代の味噌と同じものなのでしょうか？
これらの疑問にも和語から答えていきましょう。
　まず、「縄文ミソ」の造り方ですが、酒の発酵法に似ていたのではないかと思われます。縄文人はおそらく、魚介類や獣の肉などをなますのように切って、酒や蜂蜜、塩などと混ぜて自然発酵させたのでしょう。そして、それが熟成するまで待っていたのではないでしょうか。
　出来上がった「縄文ミソ」は、言わば、「魚醬」や「肉醬」の類いのものだったと思われます。

- ・みそ【味噌】：　調味料の一。蒸した大豆を発酵させ、加工した調味料。
- ・みそ【三十】：　さんじゅう。みそか(三十日)。
つまり、みそ(三十)日待てば、みそ(味噌)になる。

なお、今の味噌の熟成期間は、通常、半年か１年くらいかかっています。けれども保存条件も良くなかったかつての「縄文ミソ」は、恐らく30日くらい置けば、ちょうど食べ頃になったのでしょう。

- **ひしお【醤】**：なめ味噌の一。肉の塩漬けや塩辛。魚びしお。肉びしお。
　　　　　　　つまり、ひし(やす、漁具の意)＋魚(お)＝醤(ひしお)
- **くき【茎】**：大根やかぶ(蕪)の塩漬けもの。「茎漬け」の略。
- **くき【群来】**：魚の大群。「にしんくき(鰊群来)」のこと。
- **くき【岫】**：山のほらあな(洞穴)。
- **かぶ【黴ぶ】**：かびる。黴が生える。

　昔から、どろどろしたソースを「ひしお」や「くき」と呼びます。上記に列挙した言葉を分析すれば、まさしく「縄文ミソ」の製法や材料になるものばかりです。

　「ひしお」の原料は、主に漁で捕った魚介類です。「くき(群来)」は、特に鰊漁のことを言います。産卵期の鰊からは「数の子」の加工食料品ができますし、「くき」は、古来から漬物の代名詞であり、「ひしお」の原料をも意味します。

　もちろん、漬物といえば魚肉類ばかりではなく、大根やかぶ(蕪)などの野菜類から出来た「茎漬け」もあります。

　「かぶ(黴)」はおそらく「かぶ(蕪)」からの派生語です。すなわち、かぶ(蕪)に生えた「麹菌」を意味するのでしょう。

　縄文人は「縄文ミソ」を造ったら、「くき(岫)＝洞穴」に寝かせて熟成し、およそ「三十日」間くらい待って食べていたと考えられます。

「縄文人の〜ミソ(脳ミソ)って、ただものではないなあ！」

6. 縄文の商売

商人の由来

　今から約4,000年前、中国、殷王朝の始祖である契は、帝舜の時に禹の治水を助けます。その功が認められ、帝舜により商の地に封じられ、子姓を賜りました。その後、契の子孫は代々夏王朝に仕えながら、次第に勢力を強めていきます。そして遂に、紀元前1,600年頃、14代目の湯王が夏の暴君である桀を討ち倒し、正式に商王朝を建てたのです。

　殷という呼び名は後世に付けられたもので、「商」がその自称であり、正式な呼称でもあります。商の地から遠くまで行商に出かけた人達を「商人」と呼び、商が滅びてからも、それを生業とする人は、やはり「商人」と呼ばれました。これが、今日まで使われて、職業名となり、更に、商業や商売など、日常用語もここから生まれたのです。

縄文人の商い

　縄文の歴史は、夏と商の歴史を遥かにしのぎます。

　文字による記録は残されていませんが、言葉そのものは代々伝えられてきました。ここでは、その時代の人々が使った、いわゆる「商業用語」に着目します。当時の日本列島は、既に商売が盛んに行われていた可能性が強く、縄文人は殷の商人よりも商人らしい人々の集団だったようです。

　さて、本編は「商業行為」そのものと思われる和語から、当時、様々な商いの風景をのぞいて見ることにしましょう。

・鵜飼商法

前に「鵜」のところで述べた通り、日本では古くから野生の鵜を飼い馴らし、鵜飼漁法が盛んに行われていました。そのため「鵜」から生じた言葉も多く、その中で特に商売に関連する言葉は次の通りです。

・売る＝鵜→得る[獲た魚]→売る（うる）。
・潤う＝鵜→得る→売る→（売る＋得）→潤う（うるう）。

[※古くは名詞形か]

・瓜商法

「瓜に爪あり爪に爪なし（うりにつめありつめにつめなし）」という句を御存知でしょうか。これは、「爪」と「瓜」という良く似た漢字の字形を分かりやすく教えるための一種のナゾナゾ遊びです。ただし、和語の世界では、爪と瓜は全く関係のない言葉であり、「瓜」はむしろ「売り」との関連性が強いはずなのです。

ウリ科の植物には、いろいろな種類があります。ここで特に注目すべきものは、瓢箪、瓢、瓠、夕顔などの類いです。これらは、完熟させた果実の中身をくり抜いて十分に乾燥させると、固くて丈夫な器になります。酒・油・肴・蜂蜜などの容器として利用できるものです。

また、瓠の転訛した動詞形と思われる「ひさぐ（鬻ぐ）」は、「売る・商う」という意味を持ちます。更に、「提ぐ・拉ぐ・塞ぐ」は、すべて「ひさぐ」と読み、やはり手提げものや容器類を意味した動詞形の言葉になっています。

・売り＝瓜（うり）[容器―食品販売]→売り（うり）。
・鬻ぐ＝瓠（ひさご）[容器―食品販売]→鬻ぐ（ひさぐ）。

・漆商法

　日本での漆の利用は、9,000年前まで遡れるらしいことは既に述べました。矢とやじりの接着剤に用いたり、漆器具の塗料として使われたりもした「うるし（漆）」は、当時は一種の貴重な交易物であったに違いありません。

　・売る＋し（其・汝）＝漆（うるし）→売る（うる）＋し。

・占い商法

　占術は、古くから人類社会にある、超自然現象を観察し考察する術なのです。卜占（ぼくせん）とか、占（うら）とか占い（うらな）などとも言います。

　現代社会でさえも、占い師に相談を持ちかけたら報酬を出すのは当然なのですから、昔ならお礼の代わりに何か品物をあげたに違いありません。

　けれども、占い師に嘘をつかれて、うら（裏）切られた気持ちになったり、逆に有り難い言葉を聞いてうれ（嬉）しくなったりすることもあります。また、良い結果の人をうらや（羨）ましくなったり、逆に悪いことをうら（恨）んだりすることもあったでしょう。

　・売ら［（れる）］＝心（うら）→占（うら）→売ら［（れる）］。

・粳商法

　日本列島における稲作の起源がいつ頃か、遺跡の発掘調査から次々と新たな発見があるため、いまだ定説はありません。けれども、昔の人々には、作ったお米が売り物になるという認識があったのでしょう。収穫できたお米を「うるち（粳）、うるごめ（粳米）、うるしね（粳稲）」などと名付けています。

　ちなみに、日本はもともと、お米が貨幣の代わりになるという

認識があります。太閤検地以降江戸時代を通じ米の生産量を、石高といって、大名や武士の所領から収穫できるお米の量で収入や俸禄が決められています。

　　・売る＋ち（個・箇）＝粳（うるち）→売る（うる）＋ち。

・貝商法

　歴史上の実物貨幣として、貝殻や布などが一時的に重要な位置を占めていたことがあります。そもそも漢字では、経済価値に関するものには、だいたい「貝」の部首が付いています。例えば財、販、賊、賭、贈、貴、貨、頼などです。

　日本ではどうだったでしょう。貝貨は流通貨幣として通用していたのでしょうか？

　　・買い＝貝（かひ）《貝（かい）》→買ひ（かひ）→買い（かい）。
　　・買ふ・換ふ＝貝＋う（得）（※音韻交替）→かふ→買う・
　　　換う（かう）。

・養蚕商法

　中国では、殷の遺跡から絹の断片が見つかっているようです。すなわち、その時代から既に養蚕が行なわれていたと考えられるのです。

　日本でも、古文書などの記録によると、かなり古くから養蚕が始まっているようです。かいこ（蚕）は飼い蚕の意味から来ており、それを見ても、由緒ある養殖産業として成り立っていたのではないかと思われます。

　ちなみに、蚕は幼虫のことで、かつてはおそらく蓆の上で飼われていたのでしょう。養蚕職人はくわ（桑）をくわ（加）え、蚕は喰わば喰うほど成長します。そうして糸を吐き繭を作ります。蚕

屋方は、繭ができるその日を、喜び待ち受けていたに違いありません。

- 蓆　＝虫(む)＋代(しろ―材料・代金の意)→蓆(むしろ)。
- 迎う＝虫(む)＋買う[幼虫を買って飼う]→迎う(むかう)。
- 飼い＝買い(かい)＋蚕(こ)→飼い(かい)＋蚕(こ)→蚕(かいこ)。

・遠隔貿易

　昔の人々は、どのような方法で遠くまで旅したのでしょうか？そのことは、現代でも、考古学界で興味深く研究されている課題です。けれども、和語の立場から分析して見ると、どうも河川を利用していたような感じなのです。加えて、海路によって遠くまで取引をしに移動していった可能性もあるはずだと思います。

　実際、中国の黄河上流では、今もなお羊皮筏子(ヤンピーファーズ)という羊皮を使った「いかだ」が活躍しており、貨物の運搬や旅客輸送、観光目的などで賑わっています。その歴史は、文献上の記録では、今から約2,000年前まで遡れるそうです。

　一方、海に囲まれている日本では、海洋進出に貴重な水資源を確保するため、人々は獣皮の革製水筒を必需装備として使用していたことも考えられます。日本では古くから遠隔交易を通じ、他族や異国と交流するチャンスを広げ、それがまた言葉を進化させる原動力になっていったと思われるのです。

遠隔交易	かわ（川・河）＝かわ（皮・革）［獣皮の筏］
物々交換	川・革の動詞化→代る・換る・交わす
近海取引	え（江）＝え（柄・枝）［櫓・櫂］で舟を漕ぐ→える（獲・得）
海洋民族	かわく（乾く・渇く）＝かわ（革）水筒に水
国際貿易	ほす（干す・乾す）＝（干物など）ほし（欲し）いもの

「商売繁盛——縄文甲斐」

7. 縄文の冠婚葬祭

縄文人の一生

　今の日本人の平均寿命は、平成29年の簡易生命表によると、男性が81.09歳、女性が87.26歳になっています。

　日本は、世界でもトップレベルの長寿国と言えるでしょう。

　けれども縄文時代の人々の平均寿命は、男女ともに、約12〜13歳と推定されます。乳幼児の死亡率が高かったためですが、大人になれれば、だいたい30歳代までは、生き延びることができたのではないでしょうか。

　縄文人は、この短い一生の間に、どのような人生を演出していたのでしょうか。

　日本の伝統的な冠婚葬祭のしきたりは、古くから伝えられてきたものと言われていますが、一体、この四大儀礼はどのくらい古いのでしょうか。

　これを和語の立場から探って見たいと思います。

冠のこと

　「冠」とは、成人式のことを言います。もともとは中国から伝わった行事だと思われますが、中国の「加冠の儀式」に相当するのが、日本の「元服」です。

　元服の対象は、12歳前後の男子です。儀式は、男子が成年を迎えたことを祝うもので、服を改め、髪を結い、冠をかぶったりし、幼名を廃して実名を付けたりもします。

　ここで特に注目すべきことは、「12歳前後」という、元服の年齢です。今なら12歳という年頃は、まだ小学生で親離れできない少年であり、すぐに大人とするにはあまりにも幼なすぎます。けれども、ある意味では中学生になる頃でもあり、反抗期やら、第二次性徴やらで、内面も外面も目覚しく変化する頃でもあります。そう考えれば、命の短い縄文人にとって、12歳前後とは、立派に親離れできる年頃だったのかもしれません。

・そ【十】：じゅう。とお。
　　　「三十日」・「五十路」・「山本五十六」などがこの形の例になります。

・そだつ【育つ】：成長する。
　　　十（そ）＋立つ＝育つ（そだつ）。
　　　つまり、「十」歳で自立させることを意味し、元服のしきたりにマッチした造語と言えるでしょう。

・そ【衣】：ころも。きぬ。着物。
　　　「神御衣」・「御衣」などの用例があります。そ（衣）はおそらく、そ（十）の概念からできた派生語でしょうと思われます。すなわち、元服式で服を改める習わしから生じた言葉で

しょうか。

・そぐ【削ぐ・殺ぐ】：古くは「そく」と清音。髪の先を切る意味
もあります。
　名詞「十」の動詞化→十（そ）＋く（こと）＝削く（そく）。
　（或いは）→十（そ）＋ぐ（五）＝削ぐ（そぐ）。注：五＝手（5本の指）
つまり、元服式に髪を結うことに当たる用語でしょうか。こ
こでは、「髪を削いだ」儀式で、成年となったことを意味し
ます。

・そば【傍・側】：わき。傍ら。近く。
　十（そ）＋場（ば）＝傍（そば）。
つまり、親の住む所の近くで自立していること。

婚のこと

　男子が10歳前後になると、親元から離して自立させるもう一つの
意味は、おそらく近親結婚を防ぐためなのではないでしょうか。
　縄文時代の人口構成は、ひとつの群で20〜30人のグループだと言
われています。小規模ですから、当然若い女子の数も少なく、従っ
て、結婚適齢期の男子は、別グループに配偶者を求めていくのが一
般常識になっていたと考えられます。
　次は、婚姻関係に関する和語を見てみましょう。

・とつぐ【嫁ぐ】：嫁に行く。縁付く。
　戸（と）＋継ぐ（つぐ）＝嫁ぐ（とつぐ）。
今では、女子が男子の家に嫁に行くことが常識になっていま
すが、大昔の母系社会では、そうではなかったと思います。
「とつぐ（戸継ぐ）」の語意を考えれば、今の婿養子という縁

組に似ていたのではないでしょうか──〔その家を継承すること〕。

- **よめ【嫁】**：息子の妻。
  夜(よ)＋女(め)＝嫁(よめ)。
  結婚した女性に対する呼称、英語の Mrs. に相当します。
  反対語：「日(ひ)＋女(め)」→「姫(ひめ)」＝未婚の女性（Miss）。

- **むこ【婿】**：娘の夫。
  迎え＋子(こ)＝婿(むこ)。
  母系社会で結婚した娘の夫。親がわからの呼称──〔家に迎え入れた男子〕。

- **めとる【娶る】**：妻(夫のこと)を迎えること。
  女(め)＋取る(とる)＝娶る(めとる)。
  母系社会に娘が婿を迎え入れること──〔娘が選んできた人〕。

　あまりにも女性優位な見方の言葉に、亭主関白な今の日本は衝撃を受けるかもしれませんね。次に挙げる「よる・ひる」の和語の意味を吟味すれば、かつて日本では、いわゆる「夜這い/婚」（婿入り婚）の社会だった可能性が高いことを窺わせます。

　けれども、「とつぐ」・「よめ」・「むこ」・「めとる」などの和語に、漢字を宛てる時代に入った時、日本は既に、父系社会に転じていたと考えられます。そのため、本来母系社会優位に発展してきたはずの和語は、無理やりに父権イメージの強い漢字が押し付けてしまうことになったようです。

・よる【夜】：夜。夜間。　また、「よる」には次の同訓異義語
があります。

寄る＝近づく。頼る。

因る・由る・依る・拠る＝目的、手段、理由に物事が起きる。

選る・択る＝選ぶ、選び出す。

よる＝疲れる。くたびれる。

つまり、「婿取り婚」・「通い婚」の風習を描く「夜」の様々
な出来事を表しているのでしょうか。

・ひる【昼】：昼間。また、「ひる」には次の同訓異義語がありま
す。

放る＝放す。離す。

簸る＝箕で穀物などをふるって、くずを取り除く。

つまり、昼間、男子は妻の所を離れ、仕事に就くことを語っ
たのでしょうか。

葬のこと

　人間なら誰しも、人生の果てに辿り着いたら、親しい人が周りに
いて欲しいものだと思います。老いて死を迎えた時には、多くの人
が弔問に訪れて欲しい、葬儀にも参列して欲しいと思うでしょう。

　このような気持ちは、おそらく太古の時代からずっと変わらず続
いてきたものと思われます。大変な介護の姿を見て、自分は独りで
老いたい、と思う人もいるでしょうが、基本的には、独りで死に逝
くのは、寂しいと感じるものです。

　人間の、そういう本能のような感情がある故に、他の動物には見
ない、人間独特の埋葬文化ができてきたのです。そうでなければ、
死をことさら特別に扱うようなことは起こらなかったはずです。で
すから、人類の埋葬文化は、言葉が分かれていく前からあった慣習

だと確信します。

・**も【喪】**：忌中。喪中。

　　「藻・裳」も、[も]と言います。同じように英語の「Weed」も「雑草・水草」のほかに「喪服」という意味を持ち、ここから派生した「Widow」は、寡婦・未亡人のことを指します。

　　ちなみに、日本や中国では、古くからもぎぬ(喪衣)やふじころも(藤衣)は、藤や麻(＝「藻や Weed」などの材料を指す)から縫われています。

・**うむ【埋む】**：埋める。

　　「生む・産む」も[うむ]といいます。このことから、「埋む」は死者が来生する概念が含まれているのかもしれません。言葉からは、埋めることで、死後の生まれ変わりや再生を願い信じたように思われます。

・**はか【墓】**：塚。墳墓。

　　かつて、ハ行子音はP音だった、ということは、「火」の所で既に述べました。従って、和語の「はか」は、昔は「ぱか」だったはずです。これは英語の「Park(公園)」或いは「Pack(梱包)」と同源かもしれません。また、この言葉が、太古の時代には、土葬が一般風習だったことを証明すると思います。

　　加えて、墓を構築する事を意味したと思われる動詞の「はかる(図る・測る)」は、「ぱかる」だったと考えれば、英語の「Plan」と、造語上に何か共通観念があるような気がします。

・**つか【塚】**：一般の墓。または土を小高く盛って築いた墓。

　　　ネアンデルタール人は、死者に花を捧げる文化を持つと言われています。日本語では、花一束の「束」は［つか］とも言います。このことから「つか（塚）」と「つか（束）」は、同源語と考えられます。

　　　つかさ（司）は、おそらく、塚（つか）＋さ（三人称）という意味から来ており、かつては、お葬式や法事を司る祭司職の者を指したのでしょう。

・**ひつぎ【棺・柩】**：棺。棺おけ。

　　「ひつぎ」は、「き」とも言います。やはり、かつては木製だったことから、そのような名が付いたと思われます。また、「ひつぎ（棺）」という言葉は、おそらくお通夜などで、友や親族達が囲んで、「火継ぎ」の儀式を行なったことから生じたのでしょう。

祭のこと

　現代人にとって、「お祭」といえば、「たくさんの人出・にぎやか・楽しい気分・商売・出店」などと言うイメージなのではないでしょうか。けれども、かつて「祭り」は、おそらくもう少し畏敬のもの、うやうやしいものだったはずです。その日ばかりは、男女の別なく、無礼講で交流が行なわれ、酒を飲むことも許されました。ところで、日常にはない、心切なく胸がいっぱいになるようなこともあったはずなのです。

　文明開化以降、「祭り」は「政治」に乗っ取られました。いわゆる「祭政一致」、あるいは「政教一致」のことです。こうした古代に起こる権威支配の社会が、世界中に続々と現れてきました。

　古代の日本人は、これらの「社会現象」をどのような言葉に換え

て、後世に残そうとしていたのでしょう。

文明開化以前

・ひめ【姫】：貴人の娘。女子の美称。
　　　ドイツ語の Hymen（ヒーメン）は処女膜という意味です。和語の「姫」と何か語源的な関連があるでしょうか。ただし、和語世界の「ヒメ」は、もっと壮烈さ、痛ましさを感じさせます。
　　　先史未開の社会では、祭祀の際、生きたままの肉体を生贄とし、その血や肉体や霊魂を神や精霊に捧げました。このことを「人身御供」と言い、この風習は日本だけでなく、アフリカ、古代エジプト、ヨーロッパ、インド、中国、アメリカ大陸など世界中で広範囲に見られます。日本でも、当時、「生贄」を必要とする儀式は実際にありました。これは、単なる伝説などではありませんし、その「人身供犠」の惨さは、西洋世界の火炙り刑に相当するほどだと思います。
　　　このことは、発掘された縄文遺跡から、実際に幼児の骨が土偶形をした容器の骨壷に納められていることからも解釈できると思います。その骨は、今までの学説では「火葬」によるものと見なされてきましたが、縄文時代の埋葬文化には、火葬という概念はなかったはずです。

　　　つまり、火＋女→日＋女＝姫（ひめ）、または火＋子→日＋子＝彦（ひこ）。

・ひめく【叫く】：叫ぶ。鋭く叫ぶ。悲鳴。
　　　名詞「姫」の動詞化→姫（ひめ）＋く（こと）＝叫く（ひめく）。
　　　つまり、供物にさせられた「姫」の、恐怖の叫び声を言うの

でしょうか。

- **ひめもす【終日】**：ひねもす。一日中。
  姫（ひめ）＋燃す（もす）＝終日（ひめもす）。
  つまり、供犠の祭祀は朝から晩まで行なわれることを指すと
  思います。

- **ひこずらう【引こずらう】**：強引に引っ張る。引きずる。
  名詞「彦」の動詞化→彦＋受領（ずらう）＝引こずらう（ひこ
  ずらう）。
  つまり、「彦」を強引に引っ張っていくことを意味します。

文明開化以後

- **まつり【祭り】**：祭祀。祭儀。祭典。
  名詞「松」＋『り』→松り＝祭り（まつり）…→祭る（まつる）。
  日本では、松明祭りやお正月に門松を家の門口に立てる風習
  があります。どうやら、「松」と「祭」との関係は深いもの
  のようです。
  （＊「松」に付いた『り』は先述、くすり（薬）の『り』と同じ発想か
  らきていると思われます。）

- **まつりごと【政】**：政治。政道。
  祭り（まつり）＋事（こと）＝政（まつりごと）。
  つまり、祭司が政治権力（祭祀大権）を握ったことを顕わしま
  す。

- **みこ【巫女】**：かんなぎ。いたこ。神事に携わる女性の代名詞。
  「巫女（みこ）」の政治化＝御子・皇子・皇女（みこ）。

「みこ」＋人（と）＝尊・命（みこと）──〔統率者に対する尊称〕。
歴史上の人物：素戔嗚尊（すさのおのみこと）、月読命（つく
よみのみこと）、日本武尊（やまとたけるのみ
こと）…など。

「そもそも婚は冠に纏われ、葬は祭と絡み合っていたか!」

第六章　深層日本語学

1．上代語考

上代語

　　上代語とは、日本語の歴史上、文献的に辿りうる最古の時代の言語を指します。主として、6世紀末から奈良時代までの文献資料において、当時の大和地方での中央語や東歌・防人歌に代表される東国方言で書き記された万葉歌、著作としての『古事記』や『風土記』、『和名抄』などの中に現れた言葉や単語のことです。

　　この『古事記』・『日本書紀』・『万葉集』（3つ合わせて「記紀万葉」と言います）の時代は、要するに仮名がまだ発明されていない時代、或いはその一部が発明されてはいても、正式な文章には使われない時代でした。漢字ばかりを用いて和歌集などを記述するこの時期、現れた漢字は、「真仮名」或いは「万葉仮名」と言われています。

　　万葉仮名で表記される上代語の特徴の一つは、同音に読まれる複数の真名が使い分けられて、和語を書き記していた現象が見られることです。

・例：「こひ（恋）」＝孤悲、古非、古比、古飛、故悲、故非…など。

　　この時代に現存する文献資料は、それほど多くありませんが、それでもこの時代に対する研究活動は、衰えることなく熱心に続けられています。言葉や文法面はもとより、文字表記、音韻、意味、文章表現に至るまで、研究分野は広範にわたっています。

　　特に音韻的な側面では、「上代特殊仮名遣い」という理論が発表

されて以来、上代日本語や語源探求などの学問を目指す研究において、その確固たる地位は動かし難いものとなりました。けれども、それについてはまだ、いくつかの疑問点を残しているように思います。

「上代特殊仮名遣い」── 甲・乙二類の説

　この説には、最初に気付いたのは、江戸時代の国学者・本居宣長です。その後、弟子の石塚龍麿が、自らの著作『仮字遣奥山路』において、上代の文献では、万葉仮名のエ・キ・ケ・コなどの音節にそれぞれ2種類の使い分けがあり、互いに混用されないと発表したのです。この龍麿の研究は、長い間封印されていて、明治の国語学者・橋本進吉によって再発見されました。橋本は奈良時代以前の上代には現代日本語の50音のうち、イ段の「キ・ヒ・ミ」、エ段の「ケ・ヘ・メ」、オ段の「コ・ソ・ト・ノ・ヨ・ロ(古事記では「モ」も)」とその濁音、及びア行のエとヤ行のエには、現代とは違って2種類の発音が見られ、それぞれ別の万葉仮名によって書き分けられ、厳格に区別されていた、と指摘しました。

　これによって橋本は、現代の日本語の音節は50だけれども、上代には、音節は87(或いは88)あったとし、母音の数もアイウエオの5つだけではなく、8つだったとしました。ア行のエとヤ行のエを除き、これら2種類の書き分けを甲類・乙類と分類したのです。

　その後、この理論の下で昭和の国語学者・有坂秀世は、上代の日本語には「母音調和」の現象が見られると主張しました。この、「有坂の法則」によって、日本語がアルタイ語族と結び付けられた経緯があります。

　この甲・乙二類の説は、ほぼ定説と成りつつあるように見えましたが、現代になって、松本克己や森重敏といった新しい世代の学者から反論が起こっています。両氏とも日本語の「音構成」の観点か

ら橋本説を批判しています。

本書の観点

　上記の本居宣長や石塚龍麿、または橋本進吉らから、上代語を取り巻く言語学的な研究の背景には、上代に用いられた「万葉仮名」について、共通の見解があります。それは、本来表「意」文字である漢字を、表「音」文字化して、和語の音を書き記したものだ、という考え方です。

　けれども上代の人々は、和歌などの文を作る時に用いた万葉仮名を、果たして単なる表「音」記号としてのみ見ていたのでしょうか？

　また、甲・乙二類の八母音説は、本当に完全無欠の論理なのでしょうか？

上代語（万葉仮名文）は語義重視傾向

　漢字（真名）を日本語の表記記号にしようと決めた当時の日本人は、自分の言葉を初めて文字で記述できることを、心から尊ぶ気持ちで受け止めていたに違いありません。何しろそれまでは、外国語（漢文）で書き記すしか方法がなかったのですから。

　けれども、その発見の喜びは、まもなく消えていってしまったのではないでしょうか。と言うのは、漢字の発音があまりにも和語とかけ離れていたからです。おそらく上代の人々は、和語を漢字で表記するのにさんざん苦労をしたに違いありません。

　その一方で、次のような疑問が残ります。

　すなわち、和語を表記する目的の下で、もし漢字を単なる「表音文字」として扱うと決められ、なおかつ甲・乙二種類の音韻による区別が厳密に行われた、というのなら、濁音を含め上代では88音（88文字）で足りたというのに、なぜ同じ音の言葉をわざわざ違った

万葉仮名で表記しなければならなかったのでしょうか？

　この答えは、実は、日本民族のアイデンティティーの根幹に関わる問題でした。

　「視覚重視」の日本人は、例え和歌を書くにしても、情緒に溢れ表「意」性が高い「宛字」の万葉仮名を好む傾向があったのです。音・義の2つをどうしても同時に満足させられない場合は、もちろん音だけに従うしかありませんでしたが。

　次に挙げる実例から、その創作の苦心が偲ばれるのではないでしょうかと思います。

・**神**：迦微・加微・加牟・神
　※御釈迦様の「迦」や微妙の「微」、釈迦牟尼の「牟」の字を選んだ。

・**心**：許許呂・己許呂
　※許諾の「許」、おのれの「己」や呂律(調子)の「呂」の字を選んだ。

・**恋**：孤悲（＊用例多数）、又は古非・古比・古飛・故悲・故非・恋…など
　※孤独の「孤」、悲しみの「悲」を選び、また「古」・「故」は過去の経験、「比」＝頃(ある時期)、「飛」は飛んだ恋、「非」は不倫を意味するのだろう。

　また古事記では、「火」の系列の万葉仮名に「肥」や「斐」を用い、「日」の系列には「比」や「卑」が用いられています。これらは、一見して何の変哲もなさそうですが、深く考えてみると「肥」や「斐」の文字は「日」よりも「火」の本質を捉えていますし、またそれとは逆に「比」や「卑」の文字は「火」よりも「日」のパワー

が宿っているような気がします。その理由を考えて見ましょう。

・「火」の系列：

肥──肥料として草木を刈り払い燃やす方法は、「焼畑農法」と言って、古くから続く伝統的な農業形態です。このことから、和語の「こやす（肥す）」も文字通り「こ（木・粉）＋やす（痩・瘠す）」から来ているのでしょう。

斐──土器は焼成をしなくては「陶器」になりません。「斐」という漢字は「あやがあって美しい」という意味です。土器の表面に施した文様が火によって焼成される過程を経て、はじめて保存できるものになるのです。

・「日」の系列：

比──古事記には八十神（やそがみ／大勢の神）が、それぞれ、稲羽の国の「八上比売（やかみひめ）」と結婚しようとする話があります。この「比売」は、「縄文の冠婚葬祭」で取り上げた「火女→日女→姫」を象徴する人物と言っていいでしょう。また、「比」の漢字は「類い、並べる」をも意味し、他に並ぶもののない、唯一無「比」の存在を暗示させたかもしれません。神々に捧げられる（結婚する）乙女ならば、生贄の儀式を終えたら直ちに、神聖なる「日の女神」として神格化されたのでしょう。

卑──中国の三国時代の魏は邪馬台国の女王の「ひみこ」に対して、「卑弥呼」という漢字名を付けています。自分達より劣る、と卑称したつもりだったのでしょうけれども、もともと日本の古典は太陽を女性神と考えていましたから、ヒミコは日の巫女（御子・神子）です。「卑弥呼」の「卑」を

「日」系列の音仮名に収めさせるのに、抵抗はなかったでしょうし、むしろそうすることで、自国のプライドを高めようとしたのかもしれません。

2．古文献資料により「語義重視」傾向を証左

古事記

『古事記』は、奈良時代初頭に成立した、日本最古の歴史書です。
上・中・下の全3巻からなり、上巻には神代における神話物語が、中巻には神武天皇から応神天皇までの古事伝説が、下巻は仁徳天皇から推古天皇までの伝記史記が収められています。けれども、写本は多く残っているがその原本は散逸してしまい、現存する「真福寺本『古事記』」のみが、本来の姿を最も忠実に写したものだと言われています。

文字の意味を重視する傾向にある上代語のもう一つの証拠として、この「真福寺本『古事記』」序にある概要の一部を取り出して考察してみましょう。

・序：「**上古之時、言意並朴、敷文構句、於字即難**……」などと記されている。
　※つまり、「大昔、言葉の音・義はともに朴直（飾り気がない）で、文章表記の場合、文字に表すのは困難である。……」という意味になります。

ここでなぜ、わざわざ言葉（和語—話し言葉）の本来の姿を「**言意並朴**」と言い、また文字（万葉仮名）に表すのは困難、「**於字即難**」と強調したのでしょうか。

おそらく、太朝臣安萬侶（太安万侶／稗田阿礼が口誦で伝えたものを記録した人）が、あの時代の学識者の共通の思いを描いて書いたものだと思われるのです。そう考えれば、大和言葉は本来、音も意味も素朴でありのままなのに、文字で表す時にはいろいろと苦労しなければならなかった、と言うことを「序」にしたのだと納得できるではありませんか。

　だとすれば、古事記を含め和歌などの、あの時代の用字用法は、漢字を単なる「表音文字」と見てはいないし、同じ音の字（万葉仮名）を、表現する和語の意味に合わせて選択するのに難儀したと言っている、と考える方が自然です。

万葉集

実例として、次の和歌を挙げてみましょう。

- **原文**：「余能奈可波　牟奈之伎母乃等　志流等伎子　伊与余摩須万須　加奈之可利家理」。（万葉集巻五793）
- **読み**：「世の間は　空しきものと　知るときし　いよよますます悲しかりけり」。
- **解釈**：「世の中は空しいものだと思い知ったとき、いよいよますます悲しくなる」。

　これは、奈良前期の歌人・大伴旅人が、神亀５年（西暦728年）に愛する妻の大伴郎女が病死した、その悲しい思いを託して詠んだ歌です。

　妻の死を悼み悲しむ、この有名な挽歌は、現代まで、漢字を一字一音式の万葉仮名で綴られた和歌として、代表的な作品だと評価されてきました。けれども、原作の「字義」をよく吟味すれば、作者が伝えたい感傷が、しっかり入り交じっているのを味わえると思い

ます。そして、この和歌が、奈良時代の代表的な挽歌の一つに数えられるのです。

　その原文の字義を検証しながら、万葉歌の二重構造性を考察してみましょう。

・**余能奈可波**：私(**余**＝我)、なんぞ(**奈可**)、叶う(**能**＝できる)≪ものか≫、≪この世は≫波瀾万丈(**波**)。

　　※老境に入った、大伴旅人の世間に対する侘しい思いを窺わせる。

・**牟奈之伎母乃等**：女流歌人(**伎母**)に、輩し(**乃等**＝等しい)、≪貴女のことを思うと≫一層寂しくなる(**牟奈之**)。

　　※旅人は日常、妻とよく歌(伎＝技、腕まえ)を詠み合ったのだろう。

・**志流等伎子**：≪貴女の≫望みともども(**志流**)、我らの子を立派な歌人に(**伎子**)、育てようではないか(**等**＝待つ)。

　　※子の家持(大伴郎女の実子ではない)は、後に有名な歌人になった。

・**伊与余摩須万須**：彼女と私は(**伊与余**)、暫くの間(**摩須**＝迫る間)≪離別し≫、≪しかし、≫必ず≪再会の日が≫待ち設けている(**万須**＝必ず待つ)≪だろう≫。

　　※実際、旅人は何よりも愛する妻を失って精神的な打撃が大きかったため、その3年後に妻の後を追って帰らぬ人となっている。

・**加奈之可利家理**：妻よ(**家理**)、≪我が心に≫加わった侘しさを(**加奈之**)、いつか速く(**可利**)≪慰めてくれまいか≫。

※ちょうど同じ頃に実弟も亡くなり、旅人には二重の打撃となった。

　この実例で分かるように、日常に何気なく喋っていた言葉（言意並朴）でも、いざ文章化しよう（敷文構句）とすると、本来思い描いた通りの音に意味を預けるのを難しく感じる（於字即難）上代人……。

　これは、我々が普段、歌を歌ったり、楽器を演奏したりする時、楽譜の音符一つ一つに歌詞や曲の意味を込めるのが難しいのと同じです。

　文字成立の萌芽期にあった上代日本の社会では、万葉仮名の字面の意味に、和訓の意味を重ねて文を作るのが当たり前のように考えられていたかもしれません。唐風（唐詩）と和風（和歌）を抱き合わせた二重構造の文章スタイルは、世界に類を見ない、複雑な構文だと言えます。この点については、今後更なる研究が待たれると思います。

「八母音説」論考の見直し

　上代は、現代より三つ多く母音があったと言われています。

　これは、橋本進吉（前述）が、万葉仮名にはイ段・エ段・オ段の一部の音節に、甲・乙二類の使い分けがあり、甲類の音は現在の50音図と同じですが、乙類の音は[i]、[e]、[o]のウムラウト（変母音）であると推定したものです。

　ちなみに、「ウムラウト」とは、ドイツ語などで、後続する音節の影響によって母音の音色が変化することです。

　奈良時代には、甲・乙二類の万葉仮名が正しく使い分けられていますが、平安時代以降、年代が下るに従って次第に使い分けが乱れてくると言います。

・疑問その一

「なぜイ段・エ段・オ段の一部のみに万葉仮名の使い分けが見られるのか？」

橋本説では、オ段を除けば、イ段は「キ・ヒ・ミ」、エ段は「ケ・ヘ・メ」のみに、甲・乙二類の使い分けがあったということになっています。けれどもこれは、言語学の立場から見ると非常に不自然な現象であるとしか言いようがありません。

橋本説に反論を企てる手段として、上代の万葉仮名を、より古く日本に伝わった呉音読みで試みてみたいと思います。

まずオ段についてです。

「コ・ホ・モ」を除いて、甲類の音は現在と同じ音。乙類の音、ソ・ト・ノ・ヨ・ロは、それぞれ「swo・two・nwo・ywo・rwo」の、半母音と考えるべきなのではないでしょうか。

一方、「イとエ」段については、母音の段という枠から着目するのではなく、むしろ「カ」行、「ハ」行、「マ」行というように、行の枠から発想を展開した方が合理的だと思います。カ行で、甲類音は現在と同じ音、乙類音はそれぞれ「kag・kig・kug・keg・kog」の鼻濁音だったと考えるとすっきりします。その例として、前述した「サガミ（相模）」のような音です。同じようにマ行も、カ行と大体同じように展開するはずです。

ハ行音においては、恐らく「pa、pi、pu、pe、po」、「ba、bi、bu、be、bo」と「fa、fi、fu、fe、fo」の音が、同時に存在していたと考えられます。

これらは異端な主張かもしれませんが、改めて上代の文献を見直していただければ、納得できる部分も大きいのではないでしょうか。

更に、もし橋本説が正しいのなら、あれほどはっきりとした甲・乙二類の分類があるのですから、後に発明された仮名文字も、おそ

らく今の50音図では満足できるはずがなく、整然とした二類の表記ができたはずだと思われます。でも、実際は、そうなっていません。

　要は、鼻濁音と半母音という些細な差のため、後に甲・乙二類の清音及びその濁音が混同され、現在の50音図に分類されるような和語体系が作られたのでしょう。

・疑問その二

　「なぜ、奈良時代には万葉仮名が整然と二類に使い分けられるのに、平安時代に入ると次第に乱れ、最後には混同されたのか？」

　平安時代には、今日の50音図の形と似てはいても、多少異なるものがあったと言います。その後にできた天地の詞や伊呂波歌を見ても分かるように、早くもその時点で、「八母音」は絶えてしまっています。けれども、なぜ母音の数がこうも簡単に、8つから5つになったかを橋本は明らかにできていません。

　前述のように、甲・乙類の音の差はごくわずかでしたから、もともと混同しやすかった、というのも、理由の一つにはなるでしょう。ですが、使い分けが次第に乱れ、最後には混同されていったのには、もう一つ、ポイントがあるのです。

　日本語の書記法と言えば、推古・飛鳥時代は中国の漢文をそのまま用い、奈良時代に入ると、万葉仮名で表記するようになりました。両方とも漢字を使ってはいますが、たとえ同じ漢字を使った文であっても、語感によって違うニュアンスで読んでいたでしょう。漢文ならもちろん音読で読み書きし、万葉仮名の和文なら当然訓読みで読み書きをしていたはずです。

　また、飛鳥時代に、百済から仏教とともに伝わってきた漢字は、呉音読みが主流だったはずで、当時の知識層などは、呉音で漢文を読み書きしていたと考えられます。けれども、和語の固有名詞になると、例えば紀伊、甲斐、土佐、伊勢…などは、漢字の音訓を借り

て宛字としています。それが後に、和文を万葉仮名で表記する道を開いたきっかけになったのではないでしょうか。

　ところが、遣唐使を盛んに送り出した奈良中期以後になると、明らかな異変が起こり始めるのです。それは、漢字の読み方を、呉音読みから長安の漢音読みに移していったためなのです。

　本来なら、僅かな違いで読み分けられた呉音読みの字が、漢音読みではまったく同じ発音になる傾向があります。後に、桓武天皇が漢音を正式な漢字音と定める勅まで発令した経緯を見れば、この変化には納得がいきます。おそらくこれが、日本語史上初めて、国の強制手段によって「**文字の読みが言葉（発音）を変えた例**」となるでしょう。

　ちなみに、桓武天皇の在位期間は、西暦781年から806年の間となります。それがちょうど平安末期になった頃です。そう考えてみれば、その頃の和文に万葉仮名の表記は既に、呉音読みの字を漢音読みで、或いは漢音読みの字を呉音読みでごちゃ混ぜに使っていたに違いありません。それが奈良時代には万葉仮名が整然と二類に使い分けられるのに、平安時代に入ると次第に乱れ、最後には混同された理由になると思います。

※天地の詞（あめつちのことば）
　平安初期の手習いの教材。仮名48字を重複しないように並べたもの。
　「あめ（天）、つち（地）、ほし（星）、そら（空）、やま（山）、かは（川）、みね（峰）、たに（谷）、くも（雲）、きり（霧）、むろ（室）、こけ（苔）、ひと（人）、いぬ（犬）、うへ（上）、すゑ（末）、ゆわ（硫黄）、さる（猿）、おふせよ（生ふせよ）、えのえを（榎の枝を）、なれゐて（馴れ居て）」。

※伊呂波歌（いろはうた）

平安中期の手習いの教本。仮名47字を重複しないように並べたもの。

　「いろ（色）はにほ（匂）へと、ち（散）りぬるを、わかよ（世）たれ（誰）そ、つね（常）ならむ、うゐ（有為）のおくやま（奥山）、けふ（今日）こ（越）えて、あさ（浅）きゆめ（夢）み（見）し、ゑひ（酔）もせす」。

3．上代人の知恵──言葉に込められた意味

上代人の知恵袋を絞る

　叙事詩、抒情詩は、神話・伝説・英雄・恋愛などを物語る、韻文形式の文芸作品です。

　古典文学に収められているそれらの作品は、世界各地の民族が持つ文化の多様性を最もよく反映するものと考えられます。

　西欧のものでは、ギリシャ最古の戦争叙事詩、トロイの木馬で有名な『イリアス』や、『オデュッセイア』が代表的と言えるでしょう。抒情詩としてなら、サッフォーの「アプロディテ（愛の女神）への賛歌」などがあります。またアジアでは、古代インドの『マハーバーラタ』と『ラーマーヤナ』という、ほぼ同時代の二大叙事詩があります。中国には抒情詩が多く、叙事詩はあまり栄えなかったものの、漢の楽府『孔雀東南飛』が代表的です。

　日本においては、記紀神話が叙事詩にほぼ該当しますし、万葉の相聞は男女の愛を描く恋歌の抒情詩です。『万葉集』は現存する日本最古の歌集であり、5世紀末から8世紀中頃まで全20巻・4,500首余りが集められています。これは、日本独特の定型抒情詩であり、主に五・七・五・七・七の三十一文字（31音）で構成された短歌が主流になっています。

国偲び歌

　『古事記』は西暦712年に成立し、『日本書紀』はその8年後に成立しました。この両書を併せて「記紀」と言います。両方とも天皇国家の由来や王権政治の成り立ちを説いていて、国威をピーアール（PR）するための重要な歴史書でした。ただし、序盤は口承伝説に基づき、神話か真実か不分明の、神秘的色彩が色濃く残されています。

　伝説にまつわって登場する一人の青年「ヤマトタケルノミコト」は、第12代景行天皇の皇子で、仲哀天皇の父親とされる人物です。古事記では「倭建命」、日本書紀では「日本武尊」の2通りの漢字表記があります。

　一方、西征（九州熊襲）、東征（東国蝦夷）の功を挙げた景行天皇とタケルは次の2首の国偲び歌（望郷歌）を残しています。次の原文を詠んで、何か気付くことはないでしょうか。

・倭建命『古事記』景行記　（東征）
　夜麻登波　久爾能麻本呂婆　多多那豆久　阿袁加岐　夜麻碁母禮流　夜麻登志宇流波斯

・大足彦忍代別天皇（景行天皇）『日本書紀』景行記　（西征）
　夜麻苔波　區珥能摩倍邐摩　多々儺豆久　阿鳥伽枳　夜麻許莽例屢　夜麻苔之于屢破試

・読み
　倭は　国のまほろば（らま）　たたなづく　青垣　山籠れる　倭しうるわし

・大意
　大和の国は国々の中で最も優れた国である。重なり付く青々とした垣のような山に囲まれて、大和は美しい。

　上記の2首の歌は、読みは同じでも、所々に万葉仮名の表記の差異が見られます。
・古事記　：「夜麻登」、「久爾」、「麻本呂婆」、「那豆久」、…など。
・日本書紀：「夜麻苔」、「區珥」、「摩倍邏摩」、「儺豆久」、…など。
　それでは一体、これらの違いは何を意味するのでしょうか？

　まず、この2首の歌の背景を分析してみましょう。編集者の配慮がよく見えてきて、大変興味深いものがあります。
　古事記によると、倭建命は東征からの帰り道「能褒野（三重県）」で、病没する直前に故郷を偲んでこの「夜麻登」の歌を詠んだと言います。一方日本書紀「夜麻苔」の方は、景行天皇が九州親征の途中「子湯県（宮崎県）」で、故郷を偲んで詠んだ歌だそうです。
　両方を比べてみてください。明らかに征伐ルートの違いによる万葉仮名の使い分けをしているではありませんか。東征コースは山岳地帯の多い東国討伐です。そこから故郷の「ヤマト」を偲ばせることで、編集者は「登山道」の多い「登」の字を「夜麻登」に当てたのでしょう。逆に西征コースは、高温多湿の平地や丘陵地帯が多く分布する九州地方でしたから、苔類や地衣類の植物が多く生えていたため、そこから故郷の「ヤマト」を「夜麻苔」と偲んだのだと思われます。
　古事記の「久爾」と日本書紀の「區珥」の区別は、編集者の国家意識の違いによるものではないでしょうか。古事記はやや中央集権国家の立場にあり、更に「久爾」を久しく存在する政権だと認定しています。逆に日本書紀は「區珥」です。これは、各地区それぞれに、その地域を牛耳る政権があると意識していたことが窺えます。

「麻本呂婆」と「摩倍邐摩」は、どのように読み取ればよいでしょうか。

「まほら」は、優れた、立派な場所を意味します。「まほろば」、「まほらま」とも言います。次にそれらの万葉仮名が持つ意味を解析してみます。

- **麻**：乱れる。転じて、多い。
- **本**：みなもと。ふるさと。
- **呂**：背骨。転じて、国々。
- **婆**：「婆羅門」― 最上位の身分。

- **摩**：梵語「摩訶」― 優れる。多い。
- **倍**：倍増。増す。加える。
- **邐**：取り巻く。取り囲む。

この2首の国偲び歌の例で分かるように、漢字（万葉仮名）の字面に含まれている意味に和訓の言葉が重なることで、きちんと作者や編者の意図が込められたものになっているではありませんか。一見摩訶不思議な万葉集は、このように壮大なロマンに満ちており、その詩の世界をゆらゆらと彷徨うだけで、上代の人々の豊かな感性に、感嘆せずではいられません。

橋本説の見直し

記紀では、特定の編集者によって万葉仮名が使い分けられていると述べました。ストーリーの内容に基づいて、その使い分けは編集者の個人的な判断にゆだねるしかありません。けれども万葉集は、編集された時期によって4期に分けられますし、様々な身分の人が歌を詠んでいるため、使われる万葉仮名も多種多様です。原作者でなければ、その創作の経緯や背景を探るのは、なかなか難しい作業です。ですから、万葉集が成立して200年も経たない西暦900年前後の平安時代には、もう既に完全な読解ができなくなってしまいまし

た。

　通常、我々は、現代語から、昔の用語を判断しがちです。けれど
も記紀万葉の世界の日本語を、現代日本語の常識で考えては、大間
違いなのです。確かに、現在の仮名遣いは表音主義を採っているた
め、昔の万葉仮名もそうだったろうと思いたくなります。けれども、
これまで述べてきたように、上代人は遥かに複雑な使い方を考え出
していたのです。

　となれば、橋本説の「上代特殊仮名遣い」の理論は不十分だとい
うことがおわかりいただけるでしょう。これを見直して**「上代（仮
名）特殊用字用法」**とした方が、より的確なのではないでしょうか。

上代語と台湾語と呉音

　呉音読みと言えば、「魏志倭人伝」でおなじみ、三国時代の魏呉
蜀の「呉」国で用いられた漢字の読み方のことです。それは恐らく、
日常に会話などで使い慣れた言葉遣いではなく、経文や漢籍などを
朗読する時、一種の文語的な言い方です。それが日本に伝えられ、
もともと文章にだけ使われたはずのそれら「渡来語」が、時間が立
つにつれて次第に口語として定着したのでしょう。

　そのまま世代が変わらなければよかったのですが、その後、中国
は動乱から統一へ、王朝も隋から唐へと替わって、政治や文化の中
心も江南から長安へと移っていきました。長安の漢字音は漢音であ
り、この頃日本は、多くの遣唐使を派遣します。それが引き金となっ
て、後に漢字といえば漢音読みが主流になる時代を迎えます。

　上代の歌謡の文体を研究する者は、古事記のものは呉音読みで書
かれていると言い、日本書紀は一部が漢音読みで書かれていると言
います。

　ご承知の通り、呉は中国の長江下流域に成立した王権国家です。
時期別に分けて見ると、春秋時代の呉（？〜前473）、三国時代の呉

（222〜280）、五代十国の呉（902〜937）などがあります。これら呉国語を探ると、実は、今日の台湾語がその面影を多く残しているのです。昔から伝わった呉国語は、現代台湾語の大部分（＊注）を占めています。となれば、現代台湾語の言葉を通して、上代または上代以前の日本語を垣間見ることが可能なはずですし、次の語例を御覧ください。

・台　湾　語

[.a]（枝）

[gaua]（溝仔）

[tei]（提：「取る」の意）

[soh]（索＝「縄」）

[pua-.lam]（破濫）

・和　　語

[ye/je]（枝）＊注：上代語「ヤ行のエ」

[kafa/kaha/kawa]（川・河）

[te]（て/手）

[so]（麻・衣）＊用例：まそゆう（真麻木綿）

[boro]（ぼろ/襤褸）＊注：Ｐ音→Ｂ音
　　　　　　　　　　　　　 Ｌ音→Ｒ音

　＊注：現代台湾語の多くは呉国語から来ているが、一部は南島語系の言語とも言われる。

4．番外　日本語起源の諸説

日本語の枷

　「日本語は日本人でも難しい」とある学者が言っています。確かに古典は難しいし、漢字の音訓読みも難しい。けれどもなぜ、日本語を母語に持つ当の日本人が、日本語を難しく感じるのでしょうか。

　それは、日本語は本来、外国語だった、と解釈できるのです。

　和語は、今まで再三述べてきた通り、長期的かつ多岐にわたる異国の言葉（和語グループＩ以前）を受け継いでおり、様々な同義語が

入り混じり、幾重にも積み重ねられてきた言葉なのです。例えば「タ」と「テ」はともに「手」を意味しますし、「ニイ」、「アラタ」、「アタラシイ」は「新」の意味を持ちます。

けれども逆に、同じ音を持っていても同じ意味を持つとは限らない場合もあります。「タ・ビ」は「足袋」のことで手に関わりませんし、「タ・オル」は「手折る」を指します。その一方で「手袋」は「テ・ブクロ」と言い、「タ・ブクロ」とは言いません。

漢語も漢語なりの問題点があります。「足跡」だけを見たら、誰が残した「アシアト」を指すのか、功績をたたえる「ソクセキ」のことを言うのか、前後の文脈を読まないと判断できません。また、「ナンコウ」と聞いただけでは、「何項」、「何校」、「何港」、「難航」、「軟膏」、「難攻」、「軟鋼」の何を指したか、言葉の前後関係を聴き取らないと把握できません。

外来語として「マイカー通勤」とは言っても、「カーで通勤する」とは言いません。その一方、英語「Mobile」のたった一語で、日本には「モビール（可動の）」、「モービル（石油会社）」、「モバイル（携帯など）」と、読み分けで意味が全く違う言葉が生まれます。同じ飲み物でも「コーヒー（オランダ語由来）」、「珈琲（和製語）」、「カフェ/キャフェ（フランス語由来）」と使い分けますし、更に「カフェる（カフェに行くこと）」という変てこな日本語さえできてしまうのです。

日本語の由来を語った群雄

本書では、和語をグループⅠ＆Ⅱ＆Ⅲの三大グループに分けましたが、なぜ今までの言語学者がそこに気付かなかったのでしょうか。この分類を披露することで、日本語の起源についての課題を、蒸し返してしまいかねないと思っています。

これまでも数多くの人々が、専門家や、素人も含め、日本語の起

源について論じてきました。けれども、未だに完全に納得のいく結論には至っていません。

　これまでの研究者のほとんどは、日本祖語の再建を図ろうとして、複数の言語と和語を比較してきました。その度に「音韻対応」の法則に頼りすぎ、親近性を示す多くの言葉例を見付けた途端、直ちに同系と結論付けてしまいます。これでは、あまりにも思慮不足だと思うし、このように安易に、他の言語同士の関係を理論付けるのは問題だったと思います。

　ですから、今までにない言語理論を示し、可能性を示唆することで、少しでも日本語の研究に寄与することを目指し、それが今回の目的でした。

　読者の中には「日本語の起源」の諸説に、興味を持たれた方もいらっしゃると思われるので、今まで発表された主な研究成果を要約して紹介しておきます。

音義説

　日本語の50音図の各音、又は「いろは」のそれぞれの音に固有の意味を持つとする「一音一義説」と、各行ごとに固有の意味があるとする「一行一義説」とがあります。これらの説は、単語を構成する音を分解し、音節や音素レベルで、語義や語源解釈を解こうとするものです。

　鎌倉時代に僧・先覚が『万葉集註釈』を著して言及したのが始まりで、江戸時代には多田義俊の『伊呂波声母伝』、賀茂真淵の『語意考』、平田篤胤の『古史本辞経』、橘守部の『五十音小説』『助辞本義一覧』、富樫広蔭の『五十音図説』、鈴木重胤の『語学捷径』、釈良鑁の『伊呂波天理鈔』など、代表作が続きました。

　けれども、現在では大方の言語学者は、これらの説を否定してい

ます。

　民間による語源の説明や、宗教界の多くでは、言葉の持つ力に「言霊」ありと信じられていますが、それらは主にこの、音には意味が付く、という考えから来ているようです。

アルタイ語起源説

　地図上の「アルタイ」と言えば、シベリアからモンゴルにまたがる4,000メートル級の山々が連なる広大な地域を指します。中国では古くから「阿爾泰」を金山と呼び、金・銀・水銀などの鉱産物が豊富なところです。

　アルタイ語族とは、チュルク諸語、モンゴル諸語、ツングース諸語の総称です。その特徴としては、膠着語であり、母音調和があること、SOV語順（例外もある）を持ち、語頭にr音が立たないこと、などが挙げられます。

　日本語と朝鮮語をアルタイ語族に含める説は、フィンランド人のモンゴル兼アルタイ語学者G. J. ラムステットが唱え、後に N. N. ポッペが学説的な展開に努めました。彼ら以後、内外の数多くの言語学者がこの説に関心を持ち、特に日本においては藤岡勝二、服部四郎、野村正良などの研究者が輩出し、論著も多く発表されています。

　しかし、それに反論する者はその親近性を問う統語論の特徴、音韻的な成分、言葉の類似性など、比較の基礎となると、類縁関係を証明する基盤が非常に弱くなるのです。従って、今のところこの説が日本語起源の解明に寄与したという話は聞きません。

　けれども、本書では「和語グループⅡの再建」のところで、単語形成の構造が、グループⅡの言葉とウイグル語の言葉との間に、語幹を持って展開して行くという系統的な親近性が見られると指摘しました。更に双方の関係は、分岐学上にある共通の祖先を持つか、

一部の共通の祖語を持つことを意味するのではないか、とも推測しました。今後はこの方向に研究を進めることにより、何らかの成果が期待できるかもしれません。

朝鮮語同系説

広義的な意味での「朝鮮語」は、朝鮮民主主義人民共和国と大韓民国の公用語を指します。けれども、学術上の「朝鮮語」は、言語学的な用語として受け入れられています。

朝鮮民族は、古くから韓半島に住んでおり、隣国の日本とも古くから密接な交流を続けてきました。当然、両言語同士の関係も、両国の言語学者によって論議の的となってきました。

確かに、朝鮮語と日本語とは、幾つかの類似点を持っています。文法的には両方とも基本語順は SOV 型であり、動詞や助詞、形容詞などの使い方もよく似ています。数詞の数え方には音訓二通りの読みがあり、敬語の表現を重視するところも同じでしょう。更に言葉の面でも、大きく分けて固有語、漢字語、外来語の三つに分類される所も似ています。

けれども今までの研究では、両者の音韻面において規則的な対比が見出せないし、固有語の言葉に関しては、似ている所の方が少ないのです。

江戸時代の儒学者・新井白石を始め、明治から近年になって、金沢庄三郎、河野六郎、藤村由加、金公七、李寧熙などの学者が相次いで独特な見解を発表したにもかかわらず、両言語同士の系統関係は一向に証明されていません。

オーストロネシア語起源説

近年の研究では、台湾原住民の諸語がこの言語圏において最も古

い形を保っており、更に海底遺跡の発見や考古学的な証拠などもあることから、オーストロネシア語族(南島語族)は、台湾から拡散していった可能性が高いと考えられます。

この言語圏は、太平洋からインド洋にまたがる広大な地域にあり、西はアフリカ東部のマダガスカル島から、マレー半島、インドネシア、フィリピンを含め、東はチリ領のイースター島まで、北はハワイから太平洋上の島々を含め、南はニュージーランドにまで分布します。言語数は1,000近くあり、話し手は2億人くらい、言語数・分布地域から見れば世界最大の語族と言えます。

これらの言語は非常にバラエティーに富んでいて、一つの概念にまとめることは難しいのですが、おおむね次のような特徴が挙げられます。

音節構造は比較的単純で、子音+母音(語末子音もある)の組み合わせからなる言葉が多いです。接辞は単語から派生するか、あるいは文法的な機能を果たします。「各々」「我々」などのような畳語が多用されます。一人称双数・複数の場合は、包括形と排他形を使い分けています。動詞、形容詞などの時制変化はありませんが、相の区別はあります。

このような特徴は日本語にも見られ、更に基礎的な言葉の中に南方系の言葉が多く含まれていることから、一部の国語学者は、日本語の起源を南島諸語と考えています。日本語の文法は、北方系のアルタイ諸語との類縁性が高く、音韻構造や基礎単語などはオーストロネシア語族との類縁性が高いので、両方の要素を含む混合言語だと主張する学者もいます。

レプチャ語起源説

この説は、昭和30年代初頭に安田徳太郎という医学博士が、その著書『万葉集の謎』(光文社)で「万葉時代の日本語をしゃべるレプ

チャ族」や「日本人はヒマラヤ地方に住んでいた」、「万葉集の歌の
ほとんどがレプチャ語で解読できる」などの珍説・奇説を披露して
ベストセラーとなり、一時大きな話題になりました。

　レプチャ族は、古くからネパール、ブータン、チベットに挟まれ
た東ヒマラヤの谷底に住んでいる少数民族です。レプチャ語はロン
語とも言われ、言語学的にはシナ・チベット語族チベット・ビルマ
語派の一言語に属します。

　安田は、その著書で、万葉集の言葉をレプチャ語で解読しながら、
多くの実例を紹介していました。例えば、「レプチャ語では布や着
物はコロップであるが、これが日本でコロモになった。」とか、「日
本人は刺身が好物であるが…レプチャ語のミも肉や身であって…」
などです。

　言っていることは珍説でも、次のことは特筆に値します。

　彼は、「レプチャ語でツクは太陽になっている。」と言っています。
このことは、前述に「太陽と月」のところで、「古く日本人は太陽
と月を同一天体と認識していた。」と言っていたことが、見事に証
明されたのではないかと思います。また彼は、「古代日本人の発音」
を説明するのに、「レプチャ族の特徴で、彼らはチベット語のラ行
音とダ行音をさかんに混同している。特に古代日本人は先住地でしゃ
べっていたレプチャ語やチベット語のラ、リ、ル、レ、ロをかたっ
ぱしからダ、ヂ（ジ）、ヅ（ズ）、デ、ドに変え、それを更に清音化し
て、タ、チ、ツ、テ、トから、もう一つ進んで、サ、シ、ス、セ、
ソにまで変えてしまった。これが、チベット・ヒマラヤ語と日本語
の比較で一番大切な音韻法則である。」と述べています。これも、
また「和語グループⅠの再建」のところで、日本人は勘違いによっ
て台湾語の「Hula（核仔・睪丸）」を和語の数字の「Hutatsu（ふたつ）」
にした、という例に当てはまります。この台湾語－和語の言語現象
はチベット・ヒマラヤ語－日本語の音韻法則によって、更に立証さ
れるのではないかと思います。

タミル語起源説

　国語学者・大野晋は、日本語の起源はタミル語か、あるいはクレオールタミル語だ、と唱えて有名になりました(「『日本語の起源新版』(岩波新書)、『日本語の形成』(岩波書店)」)。けれども大野のこれらの説には賛否両論があり、未だ統一的な見解は得られていません。

　タミル語というのは、ドラビタ語族に属します。インド南東部のタミル・ナード州、及びスリランカ北東部を中心に用いられた言語です。現在では、インド、スリランカ、シンガポールの公用語の一つになっています。

　日本語や日本語の起源に関わる大野の著作は数多くありますが、その論著を読んでみますと、内容的には個別の言語現象や風俗文化の異同については言及しているものの、全体として明確に体系化された独特な言語理論というものは見られません。

　彼は「…縄文晩期後半、北九州に、南インドのモノやコトが到来し展開した。」とか、「未発表ではあるが、タミル人は日本に行くと良質の真珠が採れる、という話を聞き…。」などと書いています。けれども、このことについて、考古学的な証拠になるものは一つも挙げておりません。事実のみを検証していこうとする学者というよりは、イマジネーションとファンタジーの世界に生きる作家のような発想と言えそうです。

　彼はまた「日本語とタミル語の基礎語を中心に、約500語の対応語がある。」とか、「和歌とサンガムは同じ五七五七七の韻律を持つ。」などの言語現象も記しています。しかし、もしも他の印欧語や南島諸言語にもその対応語が存在するとすれば、あるいはまたそれらの言語に古くは、五七の韻律に準ずるものがあったとすれば、タミル語のみが直接日本に来た、とは、安易に言えないことになります。

ここに、大野が自身の著作に挙げた、日本語とタミル語の基礎語の対応例があります。そこに、英語と台湾語の対応語を付け加えて比較してみましょう。

日本語	タミル語	英　語	台湾語
Kafa（河）	Cav-ar（河）	Canoe（カヌー）	Gaua （溝仔---小川）
Karu（刈る）	Kal-ai（刈る）	Crop（刈る）	Koah（刈）
Kiru（切る）	Kir-i（切る）	Kill（殺す）	Chied（切）
Ta、Te（手）	Tol（腕・肩）	Take（取る）	Tei（提---取る）
Miru（見る）	Mir-i（見る）	Mirror（鏡）	Vin（面---顔）
Wa（輪）	Vat-am（輪）	Wheel（輪）	Wad （越---回る）
Waru（悪）	Var-u （罪・悪事）	Wrong（悪）	Wno（悪）

　この他、多くの例がありますが、これを見るだけでも、必ずしも日本語がタミル語のみに言葉の照応関係を持つとは限らない、ということが、おわかりいただけるかと思います。もともと、印欧語を代表する英語や南島語を代表する台湾語は日本語と、高い類似性を持っているものなのです。となれば、昔どの言語がクレオールされたのか、はっきりと言いづらいものですし、言語同士が親近性を示すと結論するには、実は相当慎重にならざるを得ないのです。

その他の諸説

　孤立語とされる日本語ですが、これらの説以外にも、日本語論や日本人論、日本文化論など、数多くの書物が刊行されています。例えば、明治・大正期に活躍した木村鷹太郎が唱えた「邪馬台国エジプト説」によれば、日本の古代語はギリシャ語と関連があると言います。また、日本人とユダヤ人が共通の先祖を持つという「日ユ同祖論」の論著も多くあり、それによれば日本語はヘブライ語とも親縁関係があると言うのです。

　その一方で、近年、コンピュータによるデータ分析機能を活用して、48の言語をサンプルとして取り上げ、その基礎100語、基礎200語の相互の一致率を計算し、そこから日本語と同系につながる言語を突き止めようとする研究方法も進められています。それらを「計量言語学」、「数理言語学」と言います。

　また、遺伝子DNAの分析により「日本人のルーツ」を探ることで、「日本語の起源」も突き止めようとする自然科学的な手法によるアプローチも試みられています。

　さて、最後に縄文人の心を偲ぶ和歌一首を結びとして、ここまで読んでくださった方々に、深く御礼申し上げます。

「天地の月日輝き今昔縄文魂を誰や語らふ」

あとがき

　僕が日本に来たのは、20歳の時です。

　大阪、伊丹空港に降り立ち、生まれて初めて日本の地を踏んだ僕は、留学で来た喜びよりも不安でいっぱいでした。

　その晩は、大阪の親戚の所に泊めてもらったのですが、何しろ留学前に３ヵ月習っただけの日本語はあやふやで、「あいうえお」50音も覚えきれてはいません。当然、会話などできるはずもなく、何を話しかけられてもちんぷんかんぷんなのです。

　旅の疲れがあるはずなのに、これからどうなるのかと眠れず、僕は布団の中で寝返りを打つばかり。おりしも、雷を伴った雨が降り出し、気持ちはますます落ち込み、まんじりともできません。浅い眠りに朦朧としてきた頃、遠くで犬が「ワンワン」と吠えるのが聞こえたのです。

　その瞬間、不安に波立つ気持ちが、何だか妙に落ちついたではありませんか。

　ほっとした僕は、「なるほど、異国であっても犬の吠え方は同じなんだな！」とつぶやき、安らかな眠りを得たのです。

　生まれて初めて、人間の言葉にではなく、なんと動物の「万国共通の言葉」に感動したとでも言えばいいでしょうか。故国と変わらぬ犬の鳴き声に、異国・日本での寂しい気持ちが大いに慰められたのでした。

　その後僕は、東京の国際学友会日本語学校（東京日本語教育センターの前身）に入り、日本語の勉強をいちから始めました。学校と下宿を往復する毎日の中で、一日でも早く日本の社会に溶け込みたい一心で、ほとんどの時間を日本語の勉強に注いでいました。そこでの課程を修了すると、更に四谷にある日米会話学院の日本語学科に１年通い、そして日本大学商学部に入学して卒業。計６年間の留

学生活を送ったことになります。

　この間、授業で学んだ知識、日常生活から体験した知恵が、僕の人生に与えた影響は大きいものでした。

　日本、日本人、日本語、そして日本文化そのものを、毎日、偏見なしに、自由気ままに自分の生活スタイルに取り込んで、初めて、そのバラエティーの豊かさや、独特の様相の数々を味わうことができました。そうすることで日本語も短期間で上達していき、そのわけがまた日本文化を一層深く認識させることになりました。

　その後僕は、イギリスに１年間留学し、台湾へ帰国しましたが、今日まで続けてきた仕事は、ほとんどが日本語に関与するものとなっています。

　日本語を学び始めた頃はだいぶ苦労しました。日本語は「和語」・「漢語」・「外来語」で成り立っており、それら全てを勉強しなければなりませんでした。まるで、同時に３種類の言葉を学習しているかのような気持ちでした。

　「和語」は日常用語の半分くらいの率を占めているから、仕方なく一語一語ずつ覚えていくしかありません。覚えづらい言葉があれば、自己流のやり方を研究して覚えていきました。例えば「たたかう（戦う）」という単語を覚えるときは、既に覚えた「たたく（叩く）」という単語を利用して、「強く叩けば、戦争だ！」という連想法で簡単に覚えることができました。

　「漢語」については、台湾で漢字教育を受けたため、文章を書くのにはあまり支障はありませんでしたが、発音を覚えるのが大変な苦労でした。訓読・音読・音韻変化・連声…など、それぞれのルールの複雑さは、本当にいやになるほどです。

　「外来語」は英語を知っていれば、学びやすいと言われましたが、実はそうではありませんでした。日本の外来語はまさに、世界各国からの「連合軍団」。英、仏、独、イタリア、ロシア、近代中国な

ど、さまざまな国の言葉から由来する外来語があります。また、発音も元の言語からかなりかけ離れているため、学習するのはなかなか大変でした。日本語はいろんな国からの外来語を作っているため、僕はこんな失敗をしたことがあります。

「ワンパターン(one+pattern)」という言葉を聞いた時、それがone+patternという英語由来の和製外来語であることに気がつかず、てっきり中国語の「王八蛋」(発音はwángbadàn、意味は馬鹿野郎)から来た外来語ではないかと思い込んで、言った相手と口論までするほど腹を立てて恥をかいてしまったのです。

日本語の学習をするなか、「苦労から慣れ」、「慣れから好きになる」に到るまでの過程には、いくつもの峠がありました。信念を貫くため、自分が外国人であることを常に念頭に置いていて、難しい課題に直面したりする場合とか、もう疲れたりするなどの時とかは、「僕は日本人より圧倒的に日本語の経験が不足してるんだから!」と戒めながら、その学習態度を再びあらためて、サボることや、言い訳を一切許さず、分からないものがあれば必ずこつこつと調べて、理解できるまで、絶対に手を抜きませんでした。

本書を書くきっかけは、自分が発見した日本語のルールを己のものにせず、その発見の喜びを世間に披露したいと思ったからです。研究に研究を重ねたあげく、原稿完成まで6年の歳月がかかりました。突き止めたこれらの研究成果が日本人のみならず、日本語を第二外国語として学ぶ学習者の参考になればと思います。

執筆するにあたっては、単に日本語について言語学的な探求をすることにとどまらず、考古学、人類学、社会学、民俗学、生態学など、幅広い学問領域からの知識をふんだんに盛り込み記述するよう努めました。「言葉」という大変身近なものについて考察することが、さまざまな学問や先人が生きてきた経験や知恵に繋がっていくことを感じて欲しかったからです。

本書で紹介したこれらの知識や考え方が皆さんの普段の生活や仕事などで、活用できることがあればこんなに嬉しいことはありません。

　恩師である鈴木としつぐ・鈴木禮子先生ご夫婦からご懇切なるご協力をいただき、本書を上梓することができました。この場を借りて御礼申し上げます。

2018年10月1日　　　台北にて　　　　　　　　　　　楊　文輝

付録　本書重要参考文献　一覧

1. 三 省 堂　新明解古語辞典　編者代表　金田一　春彦
2. 三 省 堂　辞海　金田一　京助　編纂
3. 三 省 堂　新漢和中辞典　長澤　規矩也　編
4. 岩波書店　広辞苑第二版補訂版　新村　出　編
5. 旺 文 社　特装　国語実用辞典新訂版　新井　政義　編
6. 教育出版　新用字用例辞典　武部　良明　編
7. 角川書店　擬音語・擬態語辞典　浅野　鶴子　編　金田一　春彦　解説
8. 角川書店　図解外来語辞典　吉沢　典男　著　イラスト　大沢　泰夫
9. 桜 楓 社　必携国語国文学要覧　鈴木　知太郎・水島　義治　著
10. 三 省 堂　「言語学大辞典」第2巻（世界言語論）亀井　孝　など　編著
11. 台湾三思堂　日本語概論　顧　海根　編著（北京大学出版社授権）
12. 山川出版　詳説　日本史（再訂版）　宝月　圭吾・藤木　邦彦ほか4名　著
13. 吉川弘文館　日本史史料　児玉　幸多・菱刈　隆永　編
14. 宝 島 社　読むだけですっきり頭に入る　日本史　後藤　武士　著
15. 岩波書店　日本文化の歴史（岩波新書668）　尾藤　正英　著
16. 岩波書店　日本語　新版上・下（岩波新書2・3）　金田一　春彦　著
17. 講 談 社　人類進化の700万年（講談社現代新書1805）　三井　誠　著
18. 岩波書店　小鳥の歌からヒトの言葉へ　岡ノ谷　一夫　著
19. 東京書籍　もしも月がなかったら　ありえたかもしれない地球への10の旅　ニール・F・カミンズ　著　竹内　均　監修　増田　まもる　訳
20. 昭 文 社　冠婚葬祭事典（ミニミニカラー文庫81）　北原　芳子　著

21. 文芸春秋　日本全国 見物できる古代遺跡100（文春新書451）　文芸春秋　編

22. 文芸春秋　漢字と日本人（文春新書198）　高島 俊夫　著

23. 文芸春秋　雑誌『文学界』平成15年 4 月号 「古事記講義」 三浦 佑之

24. 桜楓社　対訳日本の文学　尾畑 喜一郎・桜井 満ほか 2 名　編

25. 桜楓社　日本文学 古典と近代　青木 賢豪・井草 利夫・長尾 勇編

26. 桜楓社　古事記 西宮 一民　編

27. 光文社　万葉集の謎（日本人の歴史 1）　安田 徳太郎　著

28. 岩波書店　日本語の起源 新版（岩波新書340）　大野 晋 著

29. 宝島社　新説！日本人と日本語の起源（宝島社新書700）　安本 美典　著

30. 筑摩書房　DNA から見た日本人（ちくま新書525）　斉藤 成也　著

31. 大修館書店　日本語の誕生　安本 美典・本多 正久　著

32. 青春出版社　日本語の源流　岩淵 匡　監修　佐藤 美智代　著

33. 中央公論新社　歴代天皇総覧（中公新書1617）　笠原 英彦　著

34. KK ベストセラーズ　日本語はどこから生まれたか（ベスト新書86）　工藤 進　著

参考ウェブサイト

1. 小 学 館 & 三 省 堂　NTT レゾナント 「goo 辞書」
2. 小 学 館 & 三 省 堂　楽天 「Infoseek マルチ辞書」
3. 小 学 館 & 三 省 堂　Yahoo! Japan 辞書
4. フリー百科事典『ウィキペディア （Wikipedia）』
5. http://www.yourdictionary.com/languages.html （各国語辞典）
6. 台文/華文線頂辞典(台湾サイト)
7. 特別史跡三内丸山遺跡ホームページ　青森県教育庁文化財保護課

8. 「日本人はるかな旅展」　国立科学博物館ホームページ

9. 岐阜市観光案内ホームページ「鵜飼と長良川」

10. 岐阜観光コンベンション協会ホームページ「長良川鵜飼」

11. 「人間と情報」 1997年度大阪大学開放講座　郡司　隆男

12. 青空文庫ホームページ 「国語音韻の変遷」 橋本　進吉

13. 青空文庫ホームページ 「古代国語の音韻に就いて」 橋本　進吉

著者略歴　楊　文輝

1956年、台湾台中生まれ。父は台湾人、母は日本人。日本大学商学部経営学科卒業。イギリス・ロンドン大学LSE学院アドミニストレータ・ポリティカル・サイエンス専攻研修終了。
現在、佐野日本大学短期大学特任教授。台湾日本大学校友会副理事長。大台中楊姓宗親会理事長。JCI台湾特友会（国際青年会議所OB会）事務局長。台湾台北在住。

日本語誕生のメカニズム

2018年11月20日　第1刷発行

著　者　　楊　文輝
　　　　　　　よう　ぶんき
発行者　　石　澤　三　郎
発行所　　株式会社　栄光出版社
郵便番号　140－0002
東京都品川区東品川1－37－5
電話 (03)3471－1235　FAX (03)3471－1237
印刷・製本　モリモト印刷(株)

Ⓒ 2018 Yang Wenhuei
乱丁・落丁はお取り替えいたします。
ISBN 978-4-7541-0166-4